마음에 힘이 되는
하루 한 문장 영어 필사

Spring · Summer · Fall · Winter

마음에 힘이 되는
하루 한 문장 영어 필사

위혜정 지음

센시오

"결정적인 순간을 찍기 위해 평생을 찍었는데
 매일 결정적인 순간이었다."

일상의 절묘한 찰나를 포착해 내기로 유명한 프랑스 사진 작가 앙리 카르티에 브
레송Henri Cartier-Bresson의 명언이다. 켜켜이 쌓여 묻혀 버릴 수 있는 삶의 순간들
이 잽싸게 낚여 무수한 불멸의 장면들이 인화지에 찍혔다. 그에게, 결정적인 순간
이 아닌 것은 아무것도 없었다. 우리에게, 오늘이 바로 결정적인 순간인 것처럼.

세상에 작은 일은 없다. 작게 보일 뿐, 실은 크고 중하다. 하루가 모여 일상이 되고
일상이 모여 삶이 된다. 무심코의 하루가 한 달이 되고, 열두 번의 반복으로 어느새
1년이라는 두루마리가 직조된다. 치열하고도 쫀쫀한 삶의 틀에서 튕겨 나온 이탈
의 조각들, 무탈하지 못한 날들은 삶의 당연한 부산물일지 모른다. 그렇다고 손 놓
고 가만히 있을 수만은 없다. 그러기에 우리의 삶은 절대 사소하지 않다.

매일 잘 살아내는 힘이 필요하다. 1년의 큰 덩어리는 부담스럽지만 한 조각씩 떼어
낸 하루쯤은 내 소관으로 살아볼 만할 것 같다. 내 앞에 날마다 도착하는 일상, 그
위에 뿌려 줄 마법의 가루는 없을까. 백지 상태로 깨끗하게 배달되는 무색, 무취,

무미의 하루에 더도 말고 덜도 말고 딱 한 꼬집만 뿌려 주고 싶다. 흩어져 버릴 시간 사이에 살짝 뿌려 넣어 마법처럼 '안온한 한 해'라는 작품집을 엮고픈 마음이다.

'준비에 실패하면 실패를 준비하는 것'이라는 말이 있다. 실패를 준비하지 않기 위해 한 해의 밑그림을 그려본다. 일상을 단단히 받쳐줄 문장을 채집하기 시작했다. 1년 열두 달에 봄, 여름, 가을, 겨울 사계절을 녹여 시기에 따라 필요한 영양제를 챙겨 먹듯, 마음의 버팀목이 되어줄 수 있는 문장들을 차곡히 모았다. 때론 그 누구의 장황한 말보다 단 한 줄의 문장에 기대어 일어날 기운을 얻기도 한다.
그동안 개인적으로 영어 필사를 통해 좋은 문장들을 끄적이기만 해도 행복의 에너지가 돌고 도는 시간을 지나왔다. 비타민같이 매일 문장을 복용하고 삶에 질문을 하나씩 던지다 보면 마음의 힘이 생겨난다. 심력心力은 차곡차곡 쌓인 일상의 힘이 아닐까 한다.

철 따라 다른 행복을 보듬기 위해 계절별로 구분해 매일 힘이 되는 문장들을 책 한 권에 챙겨 넣었다. 잊고 있던 계절의 변화에 주파수를 맞추고 마음의 원기를 회복하기 위한 바람이다. 그리고 매 계절마다 살아낸 시간과 살아낼 시간을 격려하며 영시를 맛보는 '영어 시식회詩食會'도 마련했다. 아름다운 활자들이 연주하는 마음의 선율이 영혼을 살찌우면 좋겠다.

속도에 휩쓸리지 않고 내 삶을 음미하는 '천천히'의 세계는 무한하다. 질주의 유혹을 잠시 걷어내기, 만찬으로 차려진 문장들을 꼭꼭 씹기, 질문과 함께 마음에 굴려 보기, 잠시 잠깐 삶의 매무새 다지기, 허락된 시간을 감사하며 음미하기 등 나만의 영어 필사 리추얼을 통해 삶의 윤곽과 의미가 또렷해지길 진심으로 응원한다. 손

끝을 타고 꾹꾹 눌러쓰는 정성이 삶을 더 깊이 감각할 수 있게 도울 것이다.

모든 찰나는 결정적인 중량을 지닌다. 결국, 오늘이 내일을 만들고 오늘의 합으로 운명이 만들어진다. 삶을 결정하는 모든 '오늘'에 희망 한 꼬집, 용기 한 꼬집, 격려 한 꼬집을 뿌려 넣는다. 문장 비타민을 잘 삼키고 잘 흡수하여 건강하고 통통하게 차오른 1년을 만날 '준비'만큼은 실패하지 않고 싶지 않다. 아무것도 없어 보이는 지금, 그저 무형의 길에서 만날 일상과 조우하는 설렘이면 족하다. 설렘이 감사가 되고, 감사만으로도 향기 나는 한해살이가 될 것을 믿는다. 영어 필사와 함께.

당신의 오늘을 따뜻하게 토닥이며

글짓는 교사 위혜성

1.
Spring

세상의 모든 것이
시작되는 시간

2.
Summer

인생이라는 황홀한 여름날을
만끽하는 시간

3.
Fall

풍성함과 쓸쓸함이
공존하는 시간

4.
Winter

무탈하게 한 해를
정리하는 시간

Wish List _____

○ _____

○ _____

○ _____

○ _____

○ _____

○ _____

○ _____

○ _____

○ _____

○ _____

To-do List _____

○ _____

○ _____

○ _____

○ _____

○ _____

○ _____

○ _____

○ _____

○ _____

○ _____

1.
Spring

세상의 모든 것이 시작되는 시간

겨우내 웅크렸던 자연이 기지개를 켜는 계절입니다.

순우리말 '봄'은 '보는 것, 봄見'을 의미한대요.

영어로 'spring봄'은 땅속에서 퐁퐁 솟아 나오는 '샘'을 의미하는데요,

겨울이라는 두툼한 대지를 뚫고 샘솟는 기운을 나타내는 것이지요.

따사로운 햇살 속에서 생명이 움트는 경이로움과

아름다움을 눈에 마음껏 담는 시절.

만물이 생동하는 설렘으로 지난 시간을 묻고

새롭게 시작할 수 있는 봄 같은 계절은 없는 것 같아요.

매년 선사되는 봄의 기적은 무심코 지나가는 당연함이 아니라

기필코 누려야 할 선물이에요.

받은 선물에 기뻐하려면 온 마음으로 받아야 합니다.

무색투명한 돌인지 반짝이는 다이아몬드인지는

일상을 바라보는 마음의 시선에 따라 달라집니다.

눈을 크게 뜨고, 피어나는 봄을 만끽하는 기쁨에서 열외되지 마세요.

찍는 사진마다 작품이 되는 계절, 눈부시게 반짝이는 다이아몬드가

내 삶에 알알이 박히는 봄의 특권을 마음껏 누리세요.

Every day is a new beginning.
Just because you failed, doesn't mean you blew it.
Just because it's fiction, doesn't mean it can't be true.
Every day is a gift, each one a new surprise.

매일은 새로운 시작이에요.
실패했다고 해서 망하는 게 아니에요.
상상이라고 해서 사실이 될 수 없는 것도 아니거든요.
매일이 선물이고 새롭게 찾아오는 놀라움이랍니다.

Q. 오늘 무엇을 시작해보고 싶으신가요?

매튜 맥커너히 Matthew MCconaughey

미국의 배우(1969~). 미국 텍사스주에서 태어나 다양한 영화에서 비중 있는 역할로 참여했으며 2013년 아카데미 남우주연상, 골든 글로브 극영화 부문 남우주연상 등을 수상했다. 베스트셀러 소설 작가로도 활동 중이다.

Day 2 | 행복

To be happy you have to make peace with your past,
love the present, and feel so excited about the future.

Q. 나를 설레게 하는 미래의 꿈과 비전이 있다면 무엇인가요?

Day 3 | 믿음

Faith is taking the first step,
even when you don't see the whole staircase.

Q. 믿을 수 없는 일이 일어났던 경험이 있나요?

행복해지기 위해서는
과거를 잘 받아들이고, 현재를 사랑하며, 미래에 대한 설렘을 가져야 한다.

마리사 피어 Marisa Peer
영국의 심리 치료사(1957~). 20년 넘게 왕족, 록스타, 유명 배우, 기업 CEO, 스포츠 선수, 일반인 등 다양한 이력과 배경의 사람들을 상담해온 영국 최고의 심리치료사다.

믿음이란 계단 끝이 보이지 않을 때도 첫걸음을 내딛는 것이다.

마틴 루터 킹 주니어 Martin Luther King Jr.
미국의 침례회 목사이자 인권 운동가, 흑인 해방 운동가, 기독교 평화주의자(1929~1968). 흑인 인권 운동을 이끈 개신교 목사로서 1964년 노벨 평화상을 받았다. 비폭력적이고 점진주의적인 방법의 필요성을 주장했다.

Nothing is impossible.
The word itself says 'I'm possible!'

Q. 불가능해 보이지만 시도하고 싶은 일이 있나요?

Your future is created by what you do today,
not what you do tomorrow.

Q. 나의 미래를 결정할 수 있는 중대사 중, 오늘 꼭 해야 할 일이 있다면?

불가능이란 없어요.
단어 자체가 '나는 가능하다!'는 말을 품고 있잖아요.

오드리 헵번 Audrey Hepburn
영국의 배우이자 자선가(1929~1993). 영화 〈로마의 휴일〉, 〈티파니에서의 아침을〉 등의 할리우드 명작에 출연했으며 1992년
에는 유니세프 친선대사로 활동하여 미국 대통령 훈장을 받았다.

당신의 미래는 당신이 내일 할 일이 아니라
오늘 할 일로 만들어지는 것이다.

로버트 기요사키 Robert Kiyosaki
미국의 저술가이자 기업가, 교육자(1947~). 부자의 마음으로 세상을 바라보는 관점과 자산 투자의 중요성을 강조하며 전 세계적
으로 히트를 친 베스트셀러 《부자 아빠 가난한 아빠》의 작가로 널리 알려져 있다.

You never really understand a person
until you consider things from his point of view,
until you climb into his skin and walk around in it.

다른 사람의 관점에서 보지 않으면
그 사람을 절대로 이해할 수 없어요.
그(의 피부) 안에 들어가서 머물러봐야 알게 돼요.

Q. 이해할 수 없는 사람이 있나요? 어떤 관점에서 그를 봐야 할까요?

하퍼 리 Harper Lee

미국의 소설가(1926~2016). 앨라배마주의 한 소도시를 배경으로 인종차별의 부당성을 그린《앵무새 죽이기》를 통해 전 세계에 큰 반향을 불러 일으켰다. 2007년 백악관으로부터 자유의 메달을 수상하였다.

"If life hands you a lemon or two today,
  just add water and sugar, and what do you have?"
"Lemonade!"
"Everything is happening for me, not to me.
  And I will make lemonade out of these lemons."

"삶이 레몬 한두 개를 오늘 건넨다면
그냥 물과 소금을 넣어보세요.
그럼 뭐가 될까요?"
"레모네이드요!"
"모든 일은 나 '에게'가 아니라
나를 '위해' 일어나는 거예요.
레몬들로 레모네이드를 만들면 되는 것이죠."

Q. 레모네이드로 만들어야 할 레몬과 같은 일이 있다면 무엇인가요?

패트리샤 폴라코 Patricia Polacco

미국의 러시아계 작가 겸 일러스트레이터(1944~). 러시아 민속풍의 그림체를 활용한 생동감 있는 묘사로 세계적인 그림책 작가
가 되었다. 1989년 우크라이나의 부활절 이야기 《레첸카의 알》로 국제 도서연합회 청소년 도서상을 받았다.

Watch your thoughts, for they will become actions.
Watch your actions, for they'll become habits.
Watch your habits for they will forge your character.
Watch your character, for it will make your destiny.

생각을 조심해라. 행동이 된다.
행동을 조심해라. 습관이 된다.
습관을 조심해라. 성격이 된다.
성격을 조심해라. 운명이 된다.

Q. 나의 운명을 좌우할 만한 생각, 좌우명은 무엇인가요?

마거릿 대처 Margaret Thatcher

영국의 최장기 총리를 지낸 정치인이자, 영국 최초의 보수당 여성 당수(1925~2013). 집권 후 긴축재정을 실시하였고, 물가 인상
억제, 소득세 감면, 은행 금리와 이자율 증가, 정부 규모 축소, 민간 기업의 업무 간소화 등을 추진하였다.

A true potter knows that he must throw himself
into his work without fear, without doubt,
without ever thinking of the satisfactions it may
bring.

진정한 도예가는 작품을 위해
자신을 던져야 함을 알고 있다.
두려움 없이, 의심 없이,
그리고 작품이 가져다줄 만족을 생각하지 않고.

Q. 나를 던지면서까지 열정을 품은 적이 있나요?

린다 수 박 Linda Sue Park

미국의 한국계 소설가이자 아동문학가(1960~). 한국을 주제로 하는 책들을 다수 펴냈으며 2002년 《사금파리 한 조각》으로 아동문학계의 퓰리처상이라고 할 수 있는 뉴베리상을 수상했다.

Holding anger is a poison. It eats you from inside.
We think that by hating someone we hurt them.
But hatred is a curved blade and the harm we do to
others. We also do to ourselves.

분을 품는 것은 독이다. 당신의 내부를 갉아먹기 때문이다.
누군가를 미워하면 그 사람에게 상처를 준다고 생각한다.
하지만 미움이란 구부러진 칼날과 같아서
다른 사람을 상하게 하는 것뿐만 아니라 나 자신에게도 상처를 낸다.

Q. 나 스스로를 위해 미움을 멈추고 용서해야 할 사람이 있나요?

미치 앨봄-Mitchell Albom

에미상 수상 경력의 방송 작가이자 칼럼니스트, 베스트셀러 소설가(1958~). 평범한 사람들이 삶의 숨겨진 의미를 깨달아가는 과정을 감동적으로 형상화한 이야기를 다수 썼다. 그의 책은 전 세계에서 2,600만부 이상 인쇄되었다.

However mean your life is, meet it and live it;
do not shun it and call it hard names.
The fault-finder will find faults even in paradise.
Love your life, poor as it is.
You may perhaps have some pleasant, thrilling,
glorious hours, even in a poorhouse.

삶이 아무리 비루하더라도 직접 부딪쳐 살아내라.
피하거나 악담하지 마라.
결점을 찾으려면 천국에서도 찾을 수 있다.
아무리 가난하고 형편없어도 자신의 삶을 사랑해라.
가난 속에서도 즐겁고 가슴 떨리며 영광스러운 시간을 보낼 수 있다.

Q. 내 삶의 어떤 부분을 사랑하고 있나요?

헨리 데이비드 소로우 Henry David Thoreau

미국의 철학자이자 시인, 수필가(1817~1862), 월든의 숲에서 작은 오두막을 짓고 살며 자연과 인생의 진실을 생을 바쳐 탐구했다. 그의 사상은 이후 시대의 시인과 작가에게 큰 영향을 주었다.

We can't always control what happens to us,
but we can control how we react.

Q. 통제할 수 없는 상황이 있나요? 어떻게 반응할까요?

"Is your glass half empty or half full?"
"I think I'm grateful to have a glass."

Q. 나에게 감사할 컵은 무엇인가요?

우리에게 일어나는 일을 항상 통제할 수는 없지만,
우리가 반응하는 방식은 통제할 수 있어.

영화 〈인사이드 아웃 Inside Out〉
픽사의 15번째 장편 애니메이션(2015).

"컵이 반쯤 비어 있니, 아니면 반쯤 차 있니?"
"난 컵이 있다는 것만으로 고마운 걸."

찰리 맥커시 Charlie Mackesy
영국의 일러스트레이터이자 작가(1962~). 영화감독이자 각본가인 리처드 커티스와 함께 만화를 연재하기도 했으며, 〈통합〉이
라는 넬슨 만델라에 관한 석판화 작업을 진행했다. 런던과 뉴욕을 오가며 작업에 몰두하고 있다.

You don't have to understand life.

You just have to live it.

Sometimes the only way to learn is to live.

인생을 이해할 필요는 없다.

그저 살아내야 할 뿐이다.

때로는 배울 수 있는 유일한 방법은 살아내는 것이다.

Q. 인생의 어떤 부분이 이해되지 않나요? 그저 살아냈을 때 깨달은 바가 있나요?

매트 헤이그 Matt Haig

영국의 소설가(1975~). 강렬한 존재감과 위대한 재능을 가진 소설가로 평가받으며 2020년 출간한《미드나잇 라이브러리》는 전 세계 누적 판매 1000만 부 돌파라는 대기록을 세웠다.

Watch the sunrise at least once a year,
put a lot of marshmallows in your hot chocolate,
lie on your back and look at the stars,
never buy a coffee table you can't put your feet on,
never pass up a chance to jump on a trampoline,
don't overlook life's small joys
while searching for the big ones.

1년에 한 번은 해가 떠오르는 걸 보고,
핫초코에 마시멜로를 듬뿍 넣고,
누워서 별을 바라보아요.
발을 올려놓지 못하는 커피 테이블을 절대 사지 말고,
트램폴린에서 뛰어보는 기회도 가지세요.
큰 기쁨을 찾느라 삶의 작은 기쁨을 잃지 마세요.

Q. 여가 시간에 무엇을 하나요?

H. 잭슨 브라운 주니어 H. Jackson Brown Jr.

미국의 소설가이자 동기부여가(1940~2021). 뉴욕타임스 선정 베스트셀러 작가로 동시대 사람들의 마음을 울리는 글과 명언들을 다수 소개했다.

Making a decision was only the beginning of things.
When someone makes a decision,
he is really diving into a strong current that will carry
him to places he had never dreamed of when he first
made the decision.

결정하는 것은 시작일 뿐이다.
일단 결정을 하게 되면,
처음 결정을 내릴 때는 꿈도 꾸지 못했던 곳으로
가게 될 강력한 흐름 속으로 뛰어드는 것이다.

Q. 오늘, 어떤 결정을 해야 하나요?
혹은 생각지도 못했던 곳으로 도달하게 된 결정을 한 적이 있나요?

파울로 코엘료 Paulo Coelho

프랑스의 소설가(1947~). 저널리스트, 록스타 등 다양한 방면에서 활동하다 돌연 이 모든 것을 내려놓고 산티아고데콤포스텔라로 순례를 떠난다. 이후 이 경험을 바탕으로 《순례자》, 《연금술사》를 집필해 세계적 작가의 반열에 올랐다.

Success is getting what you want.
Happiness is wanting what you get.

Q. 간절히 원했던 것을 얻었던 첫 경험을 떠올려 볼까요?

Believing takes practice.

Q. 믿지 못했는데 결국 믿게 된 경험이 있나요?

성공은 원하는 것을 얻는 것이다.
행복은 얻은 것을 원하는 것이다.

데일 카네기 Dale Carnegie

미국의 작가이자 동기부여가(1888~1955). 1936년에 출간된 《카네기 인간관계론》은 전 세계적으로 6,000만 부나 판매되는 경이로운 기록을 세웠고 그의 태도, 자세, 말들은 지금까지 자기계발의 원류로 여겨지고 있다.

믿는 것도 연습이 필요하다.

매들렌 렝글 Madeleine L'Engle

미국의 소설가(1918~2007). 《시간의 주름》으로 뉴베리 상을 수상하였으며, 미국 도서관협회가 아동 문학을 위해 많은 공헌을 한 아동 문학가에게 주는 마가렛 제이 에드워즈 상을 수상하기도 했다.

We can lift ourselves out of ignorance,
we can find ourselves as creatures of excellence
and intelligence and skill.

우리는 스스로 무지에서 벗어날 수 있고,
자신이 탁월하고 지적이며
재능을 갖춘 존재임을 발견할 수 있다.

Q. 나는 어떤 사람인가요? 나를 항상 따라다니는 수식어가 무엇인가요?

_____

_____

_____

_____

_____

_____

_____

_____

_____

_____

_____

_____

_____

_____

_____

리처드 바크 Richard Bach

미국의 비행사이자 작가(1936~). 작가 활동 초기에는 비행에 대한 작품을 쓰다 1970년에 《갈매기의 꿈》을 발표해 베스트셀러 작가가 되었다. 주로 자신의 한계에 관한 이야기를 동물과 비행으로 보여주고 있다.

Man is not made for defeat.

A man can be destroyed but not defeated.

인간은 패배하도록 만들어지지 않았다.
부서질 수는 있지만 패배할 수는 없다.

Q. 힘든 일을 이겨내고 극복한 경험이 있나요?

어네스트 헤밍웨이 Ernest Hemingway

미국의 소설가이자 언론인(1899~1961). 간결하고 절제된 표현 방식은 20세기 소설에 강한 영향을 미쳤으며, 그의 모험적인 삶과 대중적인 이미지 역시 후대에 영향을 크게 끼쳤다. 1954년에는 노벨 문학상을 수상하였다.

Day 21 | 좋은 것을 찾아서 앨리스 모르스 얼

Every day may not be good,
but there is something good in every day.

Q. 어제 혹은 오늘 좋았던 한 가지는 무엇인가요?

Day 22 | 경험 쇠렌 키르케고르

Life is not a problem to be solved,
but a reality to be experienced.

Q. 경험이 문제 해결에 큰 자산이 되었던 경우가 있었나요?

매일이 항상 좋을 수는 없지만
매일 하나씩 좋은 것이 있게 마련이다.

앨리스 모르스 얼 Alice Morse Earle

미국의 역사학자이자 작가(1851~1911). 미시적 관점에서 1890년대 식민지 시대 미국의 역사, 풍습, 문화에 대해 글을 썼다. 대규모 사건보다 일상적인 생활에 초점을 맞춘 그녀의 글들은 후대 미국 역사학자들에게 귀중한 자료가 되었다.

삶은 해결해야 할 문제가 아니에요.
경험해야 할 현실이지요.

쇠렌 키르케고르 Soren Kierkegaard

덴마크의 철학자(1813~1855). 아르투어 쇼펜하우어, 프리드리히 니체 등과 함께 실존주의의 선구자로 불린다.

Look before,
or you'll find yourself behind.

앞을 보세요.
그렇지 않으면 뒤에 (처져) 있는 자신을 발견하게 될 거에요.

Q. 전진하지 못하게 하는 아쉬운 과거는 무엇인가요? 어떻게 해야 할까요?

벤저민 프랭클린 Benjamin Franklin

미국의 정치인이자 발명가, 사업가, 작곡가 등(1706~1790). 미국 건국의 아버지들(The Founding Fathers) 중 한 명으로 성공의 비법으로 일상에서의 금욕주의를 강조했다. 보잘것없는 집안에서 태어나 최고의 위치까지 오른 자수성가한 미국인의 대표격이기도 하다.

It was only a small change.
But a small change is often all that it takes.

Q. 변화가 꼭 좋은 것인가요? 어떤 것은 변해야 하고 어떤 것은 변하지 말아야 할까요?

No man becomes rich unless he enriches others.

Q. 다른 이의 성장을 도운 경험이 있나요?

그것은 단지 작은 변화였다.
하지만 작은 변화 하나면 충분하다.

말콤 글래드웰 Malcolm Gladwell
캐나다의 작가이자 저널리스트(1963~). 〈워싱턴포스트〉의 경제부·과학부 기자, 뉴욕 지부장을 지냈다. 〈타임〉지에서 '가장 영향력 있는 100인'으로 선정되었고, 저서로 《아웃라이어》《티핑 포인트》 등이 있다.

다른 사람을 부유하게 하지 않으면 누구도 부자가 될 수 없다.

앤드류 카네기 Andrew Carnegie
미국의 철강 사업가(1835~1919). 철강왕으로 알려져 있으며 록펠러 등과 함께 19세기 미국 산업계를 대표했던 기업가다. 기차역에서 심부름하던 소년이 근성으로 아메리칸 드림을 이룬 대표적 인물 중 하나다.

People say they 'find' love,
as if it were an object hidden by a rock.
But love takes many forms,
and it is never the same for any man and woman.
What people find then is a certain love.
And [he] found a certain love with [her],
a grateful love, a deep but quiet love,
one that he knew, above all else, was irreplaceable.

사람들은 사랑을 '찾는 것'이라고 말해요.
마치 바위 속에 숨겨진 물건인 것처럼 말이죠.
하지만 사랑은 형태가 다양해요.
어떤 남녀에도 다 통하는 똑같은 사랑은 결코 없어요.
즉, 사람들이 찾는 것은 수많은 사랑 중 한 형태인
'어떤' 사랑이 되는 것이죠.
[그는] [그녀]와 함께 어떤 사랑을 하는 거예요.
감사하는 사랑, 깊지만 조용한 사랑 이런 거요.
결국 그가 알게 되는 사랑은
다른 어떤 것으로도 대체할 수 없는 그만의 사랑이 되는 것이죠.

Q. 내가 경험한 가장 최근의 사랑은 어떤 형태인가요?

Only those who dare to fail greatly
can ever achieve greatly.

크게 실패할 용기가 있는 자만이 큰 성취를 이룰 수 있다.

Q. 지금 당장 성취하고 싶은 삶의 과업 한 가지를 떠올려 볼까요?

존 F. 케네디 John F. Kennedy

미국의 제35대 대통령(1917~1963). 역대 최연소의 나이에 당선된 미국 대통령이자, 정당을 넘어 미국인들에게 많은 사랑을 받은 대통령이다. 쿠바 위기를 해결했으며 아폴로 계획으로 우주 경쟁에서 미국이 절대 우위를 갖게 했다.

But if I allow my fears to shape me,
I would no longer recognize my own outlines.
Then how can I call that my body?
And without a body, can I call myself a man?

하지만 두려움이 내 몸을 멋대로 주무르게 놔두면
나중엔 내 몸의 윤곽조차 낯설어 질 거예요.
그럼 내 몸이라고 할 수 있겠어요?
자기 몸도 없는 게 사람이에요?

Q. 두려움이 엄습해서 꼼짝 못했던 때가 있나요? 언제 두려움을 느끼나요?

이민진Minjin Lee

미국의 한국계 작가(1968~). 미국에서 큰 반향을 일으킨 뉴욕타임스 베스트셀러 《파친코》를 집필했다.

It's not a contest about whose days suck the most.
The point is we all have to put up with the bad days.

Q. 참아 내야 할 힘든 날이 있었나요?
　　이를 이겨내고 유사하게 힘듦을 겪는 상대에게 위로와 격려를 준 적이 있나요?

The biggest adventure you can ever take is
to live the life of your dreams.

Q. 모험을 해보고 싶은 일이 있나요?

누구의 하루가 가장 형편없는 지에 대해 겨루는 게 아니야.
중요한 것은 우리 모두가 힘든 날들을 참아야 한다는 사실이야.

R. J. 팔라시오R. J. Palacio
미국의 디자이너이자 소설가(1963~). 미국 뉴욕에서 낮에는 그래픽 디자이너로 일하고 밤에는 글을 쓰고 있다.

당신이 할 수 있는 가장 큰 모험은 꿈꾸는 삶을 사는 것이다.

오프라 윈프리 Oprah Winfrey
미국의 엔터테이너(1954~). 시카고에서 가장 인기 있는 토크쇼의 진행자로 명성을 얻었으며, 이로 인해 20세기의 가장 부유한 흑인계 미국인이자 세계에서 가장 영향력 있는 여성이 되었다.

Don't let the noise of others' opinions drown out
your own inner voice.

Q. 나를 기죽이는 말이 있나요? 어떻게 털어버리나요?

Day 32 | 자비   에이브러햄 링컨

I have always found that mercy bears richer fruits
than strict justice.

Q. 규정을 이행하지 않고 자비를 허용했던 경험이 있나요?

다른 사람의 의견이 당신 내면의 목소리를 압도하도록 놔두지 마세요.

스티브 잡스 Steve Jobs

미국의 기업가(1955~2011). 애플의 전 CEO이자 공동 창립자다. 1976년 스티브 워즈니악, 로널드 웨인과 함께 애플을 공동 창업하고, 애플 2를 통해 개인용 컴퓨터를 대중화했다. 불교나 정신세계에 관심이 많았으며 극도의 미니멀리스트로 알려져 있다.

옳고 그름을 정확하게 따지는 것(엄격한 정의)보다

너그러운 이해(자비)가 더 풍성한 열매를 맺는다는 것을 언제나 느낀다.

에이브러햄 링컨 Abraham Lincoln

미국의 제16대 대통령(1809~1865). 남북전쟁이라는 거대한 위기 시기에 나라를 이끌어 연방을 보존하였고 노예제를 폐지했다. 미국에서 가장 존경받는 대통령으로 꼽힌다.

Ask and it will be given to you; seek and you will find; knock and the other door will be open to you.

구하라, 그리하면 주실 것이요.
찾으라, 그리하면 찾을 것이요.
두드리라, 그리하면 열릴 것이니.

Q. 경험이 문제 해결에 큰 자산이 되었던 경우가 있었나요?

예수 Jesus

기독교 창시자이자 종교 지도자(BC4 ~ AC33). 예수 그리스도, 나사렛 예수 등 다양한 이름과 칭호로 불리며, 서기 1세기 갈릴리의 나사렛 출신 유대인 설교자이며 신앙의 대상이다. 세계 최대 종교인 기독교의 중심 인물로, 대부분의 기독교 교파는 예수를 야훼의 아들로서의 성육신이자, 구약성경에서 예언된 다윗 왕의 후손으로서 메시아로 믿는다.

Don't cling to things because everything is
impermanent.
Detachment doesn't mean you don't let the
experience penetrate you.
On the contrary, you let it penetrate you fully.
That's how you are able to leave it.

무언가에 집착하지 말아라. 영원한 것은 없으니까.
거리를 둔다는 것은 그 경험을 차단하는 걸 의미하지 않는다.
오히려, 온전히 경험을 통과하도록 해야 한다.
그래야 자유로워질(떠날) 수 있단다.

Q. 집착하지 말고 자유롭게 넘겨야 할 일이 있나요?

Shoot for the moon
and if you miss, you will still be among the stars.

Q. 목표에서 빗나갔지만 성장의 기쁨을 맛본 적이 있나요?

Opportunity doesn't make appointments,
you have to be ready when it arrives.

Q. 기회를 잡기 위해 어떤 준비를 하고 있나요?

달을 향해 쏘세요.

달은 못 맞추더라도 여전히 별들 사이에 있게 될 거예요.

레스 브라운 Les Brown

미국의 정치가이자 작가, 동기부여가(1945~). 자신의 토크쇼 〈레스 브라운 쇼〉에서 인기를 얻었으며 오하이오주 하원의원을 거쳐 현재 동기부여 연설가로 뛰어난 인기를 얻고 있다.

기회는 약속하고 오는 것이 아니다.

기회가 왔을 때 준비가 되어 있어야 한다.

팀 파고 Tim Fargo

미국의 기업가, 연설가, 투자자, 작가, 동기부여가. 그는 신용, 마케팅, 소프트웨어 분야에 걸쳐 다양한 사업을 성공시켰다. 자신의 경험을 바탕으로 동기부여 전문가로 활동 중이다.

Jonathan Seagull discovered that boredom and fear
and anger are the reasons that a gull's life is so short,
and with those gone from his thought,
he lived a long fine life indeed.

조나단 시걸은 갈매기의 수명이 그토록 짧은 이유가
지루함과 두려움, 분노 때문이라는 사실을 발견했고,
그 생각이 사라지자 그는 참으로 길고 멋진 삶을 살았다.

Q. 나를 지루하지 않게 하는 인생의 재미가 있다면 무엇인가요?

Education is every day and everywhere,
the only thing you have to pay is attention.

교육은 매일 어디서나 이루어지며,
지불해야 할 유일한 비용은 관심이다.

Q. 사람을 통해 배운 것이 있다면 무엇인가요?

I am not sure exactly what heaven will be like,
but I know that when we die and it comes time
for God to judge us, He will not ask,
'How many good things have you done in your life?'
rather He will ask,
'How much love did you put into what you did?'

천국이 어떤 곳인지는 정확히 모르겠지만, 이건 알아요.
우리가 죽어서 하나님의 심판대 앞에 서면 그분은 이렇게 질문할
거예요.
'일평생 얼마나 많이 착한 일을 행하였느냐?' 가 아니라
'너의 선행에 얼마나 많은 사랑을 넣었느냐?'

Q. 나의 사랑을 가장 많이 넣은 선행의 예가 있다면?

마더 테레사 Mother Teresa

로마 가톨릭 교회의 수녀(1910~1997). 가난한 이들을 대변하는 인도주의자로 1979년 노벨 평화상을 수상하였다.

We learned about honesty and integrity
– that the truth matters, that you don't take shortcuts
or play by your own set of rules, and success doesn't
count unless you earn it fair and square.

우리는 정직과 진실성에 대해 배웠어요.
진실이 중요하다는 것, 지름길을 택하거나 자기 규칙에 따라 행동하지
않는 것, 공정하고 정직하게 얻지 않으면 성공은 중요하지 않다는 것을
말이죠.

Q. 정직으로 보상(칭찬, 치하, 성공 등) 받았던 일이 있나요?

미셸 오바마 Michelle Obama

미국의 제44대 대통령 배우자(1964~). 미국의 법조인·대학 행정가·작가이자 미국 제44대 대통령 버락 오바마의 부인으로, 미국 최초의 아프리카계 영부인이다.

One and Only You

James T. Moore

Every single blade of grass,

And every flake of snow,

Is just a wee bit different.

There's no two alike, you know.

From something small, like grains of sand,

To each gigantic star

All were made with THIS in mind:

To be just what they are!

How foolish then, to imitate;

How useless to pretend!

Since each of us comes from a MIND

Whose ideas never end.

There'll only be just ONE of ME

To show what I can do.

And you should likewise feel very proud,

There's only ONE of YOU.

That is where it all starts

With you, a wonderful

unlimited human being.

세상에 오직 하나뿐인 당신

제임스 T. 무어

세상의 모든 풀잎 하나하나
눈송이 하나하나
조금씩 서로 다르다.
이 세상에 똑같은 것은 하나도 없다.
작은 모래알에서부터
밤하늘의 거대한 별에 이르기까지
모든 것은 이렇게 만들어졌다.
그 모습 그대로 존재하도록!
얼마나 어리석은가 서로 닮으려 하는 것이
얼마나 부질없는가 그 모든 겉치레가
우리 하나하나는
끝없는 생각에서 비롯되기에.
이 세상에 오직 나 하나뿐이다.
나의 가능성을 보여줄 존재는.
그러니 당신도 자랑스러움을 느껴보라.
이 세상에 당신도 오직 하나뿐이다.
모든 것은 당신으로부터 시작된다.
인간이라는 이름을 가진
무한한 그 가능성으로부터.

Wish List —————————————

○ ————————————————

○ ————————————————

○ ————————————————

○ ————————————————

○ ————————————————

○ ————————————————

○ ————————————————

○ ————————————————

○ ————————————————

○ ————————————————

To-do List —————————————

○ ————————————————

○ ————————————————

○ ————————————————

○ ————————————————

○ ————————————————

○ ————————————————

○ ————————————————

○ ————————————————

○ ————————————————

○ ————————————————

2.
Summer

인생이라는 황홀한 여름날을 만끽하는 시간

농부들의 구슬땀 맺힌 수고가 한창인 계절입니다.

여름은 '열다' 즉, 문을 열 듯 '열매가 열리다'라는 동사에서 나온 이름이래요.

영어로 'summer'는 성장과 풍요를 나타내는 중세영어 'sumer'에서 나왔어요.

쏟아지는 햇살 속에 생명이 풍성하게 자라고 푸르름이 짙어지는 시절이지요.

꽃이 만발하고 과일이 영글어 가는 여름은

인생으로 따지면 왕성한 생장의 시기, '청춘기'가 아닐까 싶어요.

연중 낮이 가장 긴 하지_{북반구의 경우}를 품고 있어서

감출 수 없는 열정과 에너지, 젊음과 환희를 가득 뿜어내는 축제가 연상됩니다.

여름은 도전, 성공, 실패의 사이클 속에서

좌충우돌 나를 찾아가는 역동의 계절이자

작열하는 태양을 피해 잠시 산이나 바다로 떠나는 충전의 구간이기도 합니다.

힘찬 한 발을 내딛기 위한 잠시 잠깐의 쉼표랄까요.

전력 질주의 달음질과 정차된 중립 기어 사이를 왔다 갔다 하며

'애씀'이라는 동력에 펌프질을 해주는

'서머 페스티벌'에 풍덩 빠질 준비가 되셨나요?

The only man who never makes a mistake
is the man who never does anything.
The worst you can do is nothing.

실수를 한 번도 하지 않은 사람이 있다면
그는 아무것도 시도하지 않은 사람이다.
가장 안 좋은 선택은 아무것도 안 하는 것이다.

Q. 새로운 것을 시도할 때 힘이 되는 격려의 문구가 있다면 무엇인가요?

시어도어 루스벨트 Theodore Roosevelt
미국의 제26대 대통령(1858~1919). 대내외를 아우르는 혁신적인 정책으로 20세기 미국이 초강대국으로 성장할 수 있게끔 기반을 닦았다.

Don't wait. The time will never be just right.
Stand where you stand and work
whatever tools you may have at your command
and better tools will be found as you go along.

기다리지 마세요. 적당한 때라는 건 절대 없으니까요.
지금 있는 곳에서 현재 가지고 있는 것으로 시작하세요.
가다 보면 더 나은 것들을 계속 발견하게 될 거예요.

Q. 어떤 것을 시작했다가 다른 세계로 확장된 경험이 있나요?

나폴레온 힐 Napoleon Hill

미국의 동기부여가(1883~1970). 세계적인 성공학 연구자로 앤드루 카네기가 건네준 507명에 대해 직접 인터뷰와 조사를 하여 성공의 원리를 정리하였다.

It is proved by surveys that happiness does not come from love, wealth, or power but the pursuit of attainable goals.

조사를 통해 입증된 바는 행복이란 사랑, 부, 권력에서 오는 것이 아니라 달성 가능한 목표를 추구하는 데서 온다는 것이다.

Q. 행복의 조건은 무엇이라고 생각하나요?

영화 〈브리짓 존스의 일기 Bridget Jones's Diary〉
영국 소설을 바탕으로 한 로맨틱 코미디(2001).

When you stay too long in a place,
you forget just how big the world is.
You get no sense of the length of those longitudes
and latitudes.
It is hard to have a sense of the vastness inside any
one person.
But once you sense that vastness,
once something reveals it,
hope emerges, whether you want it or not, and
it clings to you as stubbornly as lichen clings to rock.

한 곳에 너무 오래 머물다 보면
세상이 얼마나 넓은지 잊어버리게 된다.
좌표(경도와 위도)에 대한 감각이 없어지는 것이다.
마찬가지로 한 사람의 내면이 얼마나 넓은지를 느끼기란 어렵다.
하지만 일단 그 광대함을 느끼면,
뭔가로 인해 그것이 드러나면,
원하든 원하지 않든 희망이 떠오르고
이끼가 바위에 달라붙는 것처럼 당신에게 딱 달라붙게 된다.

Q. 떠나고 싶은 꿈의 여행지가 있나요? 여행의 장점은 무엇인가요?

Don't sit down and wait for the opportunities to come.
Get up and make them.

가만히 앉아서 기회가 오기만을 기다리지 마세요.
일어나서 직접 기회를 만드세요.

Q. 누가 시키지 않았는데 스스로 나선 경험이 있나요?

마담 C. J. 워커 Madam C. J. Walker

미국의 기업가이자 자선가, 사회활동가(1867~1919). 흑인 여성을 위한 헤어 제품 라인을 개발해 부와 명성을 얻었고, 이로 인해
기네스북에 오른 자수성가한 최초의 미국 여성으로 기록되었다. 또한 흑인 여성의 독립과 자립을 지원하는 데도 큰 역할을 하였다.

You can give without loving,
but you can never love without giving.
The great acts of love are done by those who are
habitually performing small acts of kindness.
We pardon to the extent that we love.
Love is knowing that even when you are alone,
you will never be lonely again.
Great happiness of life is the conviction
that we are loved.

사랑 없이 줄 수는 있지만,
주지 않고는 절대 사랑할 수 없다.
사랑의 위대한 행위는 습관적으로 작은 친절을 베푸는 것이다.
우리가 사랑하는 만큼 용서할 수 있다.
사랑은 혼자 있을 때도 결코 외롭지 않은 것이다.
인생의 큰 행복은 우리가 사랑받고 있다는 확신이다.

Q. 나는 누구의 사랑을 받고 있나요?

빅토르 위고 Victor Hugo

프랑스의 시인, 소설가, 극작가(1802~1885). 그가 남긴 소설에는 불후의 걸작으로 꼽히고 있는 《노트르담 드 파리》가 있다. 그가 죽자 국장으로 장례가 치러지고 판테온에 묻혔다.

We don't need to be 'fixed', we need to be embraced.

Q. 나의 어떤 점이 고쳐지는 것이 아니라 남들에게 이해받길 원하나요?

The secret of life, though, is to fall seven times
and to get up eight times.

Q. 넘어질 준비가 됐나요? 이제 일어날 준비도 됐나요?

우리는 '고쳐질' 필요가 아닌, 이해받을(받아들여질) 필요가 있는 존재다.

시시 벨 Cece Bell

미국의 일러스트레이터이자 작가(1970~). 어린 시절 뇌막염으로 청력을 잃은 그녀는, 그녀의 경험을 살려 어떠한 장애도 부정적이지 않다는 것을 작품을 통해 보여주려고 한다.

인생의 비결은 일곱 번 넘어져도 여덟 번 일어나는 것이다.

Perhaps the most tragic thing about mankind
is that we are all dreaming about some magical garden
over the horizon, instead of enjoying the roses
that are right outside today.

인류의 가장 비극은
저 수평선 너머에 있는 마법의 정원을 꿈꾸고 있다는 것이다.
오늘 바로 밖에 있는 장미를 즐기지는 않고 말이다.

Q. 나의 정원에 있는 장미는 무엇인가요?

We don't laugh because we're happy
– we're happy because we laugh.

Q. 웃을 상황이 아닌데 웃어서 상황이 나아진 경우가 있었나요?

Day 51 | 용기 　　　　　　　　　　　　　　　　　　　　　　　　월트 디즈니

All our dreams can come true,
if we have the courage to pursue them.

Q. 용기가 없어 포기했던 꿈이 있나요?

행복해서 웃는 것이 아니라 웃어서 행복해지는 것이다.

윌리엄 제임스 William James

미국의 철학자이자 심리학자(1842~1910). 프래그머티즘 철학의 확립자로 알려진다. 하버드 메디컬 스쿨의 해부학, 생리학 강사로 일했고, 1875년에는 하버드 대학교의 심리학 교수가 되었다. 제임스는 기능주의 심리학에 큰 업적을 세웠다.

꿈을 추구할 용기만 있다면 모든 꿈은 이루어질 수 있다.

월트 디즈니 Walt Disney

미국의 애니메이터이자 영화 감독, 성우, 기업인(1901~1966). 미키마우스와 도널드덕 등 미국 문화의 아이콘의 창시자로 영화 업계와 세계 오락 산업에 어마어마한 영향을 끼쳤다.

Stay afraid, but do it anyway.

What's important is the action.

You don't have to wait to be confident.

Just do it and eventually the confidence will follow.

두려워해도 괜찮아요. 그 속에서도 그냥 하세요.

중요한 것은 실행이에요.

자신감이 생기기를 기다릴 필요는 없어요.

그냥 하다 보면 결국 자신감이 따라오거든요.

Q. 자신감이 없었지만 시작했던 일이 있나요? 어떻게 되었나요?

캐리 피셔 Carrie Fisher

미국의 배우이자 작가, 프로듀서(1956~2016). 〈스타워즈〉 영화 시리즈에서 레아 공주 역을 맡은 것으로 유명하다.

I finally understand what my grandmother meant.
If I wasn't comfortable with myself,
I would be never comfortable.

드디어 할머니의 뜻을 이해하게 됐어.
나와 화해하지 않으면
결코 편안해지지 않을 거라는 걸.

Q. 나를 인정하지 못해 불편한 점이 있나요?

마르잔 사트라피 Marjane Satrapi

이란의 그래픽 노블 작가이자 영화감독(1969~). 이란에서 보낸 유년기와 오스트리아에서 보낸 청소년기, 프랑스로 가서 보낸 청년기까지를 담은 자전적 이야기를 이란의 독특한 사회·문화적 배경과 곁들여 전달하고 있다.

It's hard to beat a person who never gives up.

Q. 포기하지 않은 기쁨을 경험한 적이 있나요?

Day 55 | 미지의 세계 영화 〈월터의 상상은 현실이 된다〉

Life is about courage and going into the unknown.

Q. 모르는 세계로 용기 내어 들어가 본 경험이 있나요?

절대 포기하지 않는 사람을 이기기는 어렵다.

베이브 루스 Babe Ruth

미국의 야구 선수(1895~1948). 메이저리그 베이스볼의 전설적인 홈런왕이자 미국 문화에서 가장 위대한 스포츠 선수로 추앙받고 있다.

인생이란 용기를 내서 미지의 세계로 들어가는 거예요.

영화〈월터의 상상은 현실이 된다 The secret life of Walter Mitty〉

1939년에 출판된 동명의 소설을 원작으로 만든 코미디 영화(2013).

You'll have bad times,
but it'll always wake you up to the good stuff
you weren't paying attention to.

힘든 시기가 있을 거야.
하지만 그 덕분에 무심히 지나갔던 좋은 것을 깨닫게 될 거야.

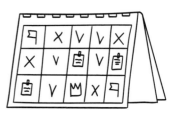

Q. 지금은 힘든 시기인가요, 무심히 지나는 시간인가요?

영화 〈굿윌헌팅 Goodwill Hunting〉

어린 시절 학대당한 천재 청년이 굳게 닫힌 마음을 열고 타인에게 다가가는 과정을 담은 영화(1997).

I am not afraid of storms,
for I am learning how to sail my ship.

Q. 힘든 상황에서 태도의 변화로 상황이 변했던 적이 있나요?

Keep your face always toward the sunshine,
and shadows will fall behind you.

Q. 밝고 긍정적인 사람, 하면 떠오르는 인물이 있나요?

난 폭풍이 두렵지 않아요.
배로 어떻게 항해하는지를 배우고 있기 때문이죠.

루이자 메이 올콧 Louisa May Alcott
미국의 소설가(1832~1988). 남북전쟁 당시의 후방인 뉴잉글랜드의 가정을 묘사한 《작은 아씨들》로 큰 성공을 거두었고 그 외에 30여 편의 소녀소설을 썼다.

항상 얼굴을 햇빛을 향하게 하세요.
그러면 그림자는 당신 뒤로 물러나게 될 거예요.

월트 휘트먼 Walt Whitman
미국의 시인이자 수필가, 기자(1819~1892). 초월주의에서 사실주의로의 과도기를 대표하는 인물의 한 사람으로, 그의 작품에는 두 양상이 모두 흔적으로 남아있다.

Hope never abandons you, you abandon it.

Q. 절망이 희망으로 바뀌었던 경험이 있나요?

Day 60 | 완벽에 대해서   찰리 맥커시 그림책 《소년과 두더지와 여우와 말》

The greatest illusion is that life should be perfect.

Q. 내 삶은 완벽한가요?
    환상을 내려놓고 나의 삶을 들여다보면 어떤 반짝임이 보이나요?

희망은 절대 당신을 버리지 않아요. 당신이 희망을 버리는 것이죠.

조지 와인버그 George Weinberg

미국의 심리학자(1935~2017). 호모포비아(homophobia)라는 용어를 처음 만들어 내어 동성애에 대한 대중의 인식을 바꾸는 데 중요한 역할을 했다.

우리가 갖는 가장 큰 환상은 삶이 완벽해야 한다는 것이다.

Learn everything.
Fill your mind with knowledge
– it's the only kind of power no one can take away from you.

모든 것을 배워라.
마음을 지식으로 채워라.
지식은 누구도 당신에게서 빼앗을 수 없는 유일한 힘이다.

Q. 지금까지 배운 것 중에 가장 유익하게 잘 활용하고 있어서
   배우길 잘했다고 생각하는 것은 무엇인가요?

Prime numbers are what is left
when you have taken all the patterns away.
I think prime numbers are like life.
They are very logical
but you could never work out the rules,
even if you spent all your time thinking about them.

소수는 모든 패턴을 제거하고 남은 숫자이다.
소수는 인생과 같다고 생각한다.
매우 논리적이지만,
아무리 시간을 할애하더라도
결코 규칙을 알아낼 수 없기 때문이다.

Q. 인생이 소수와 같다는 것에 동의하시나요? 왜 그런가요?

마크 헤던 Mark Haddon

영국의 소설가이자 일러스트레이터(1962~). 여러 분야에서 창작활동을 해온 마크 헤던은 22세에 동화작가로 데뷔했고, 현재 성인 독자들은 물론 청소년과 어린이에 이르기까지 다양한 연령대에서 인기를 누리고 있다.

It is often the small steps, not the giant leaps,
that bring about the most lasting change.

Q. 갖고 싶은 좋은 습관이 있나요? 이를 위해 어떻게 노력하고 있나요?

Day 64 | 기여   마더 테레사

Let no one ever come to you
without leaving better and happier.

Q. 오늘 만나는 사람이 있나요? 그에게 어떤 행복을 선사하시겠어요?

가장 지속적인 변화를 가져오는 것은 큰 도약이 아니에요.
많은 경우 작은 발걸음 때문이지요.

___

엘리자베스 2세 여왕 Queen Elizabeth II
영국과 영연방 왕국 윈저 왕조의 제4대 국왕(1926~2022). 25세인 1952년 즉위하여 2022년 96세로 타계할 때까지 70년 214
일간 재위한 군주이며, 영국 역사상 가장 오랜 기간 왕위에 있었다.

___

당신을 만나는 모든 사람들이 당신과 헤어질 때는
더 나아지고 더 행복해질 수 있도록 하세요.

When we love,
we always strive to become better than we are.
When we strive to become better than we are,
everything around us becomes better too.

우리는 사랑할 때
항상 현재보다 더 나은 사람이 되려고 노력한다.
지금보다 더 나아지려고 노력할 때,
우리 주변의 모든 것이 함께 좋아진다.

Q. 누구를 사랑하고 있나요? 무엇이 좋아지고 있나요?

The only limit to our realization of tomorrow will be our doubts of today.

Q. 오늘은 무엇으로 한계선을 그었나요?

To find peace, sometimes you have to be willing to lose your communication with people, places and things that create all the noise in your life.

Q. 내 삶에 잡음을 만드는 요소는 무엇인가요?

내일을 실현하는 데 유일한 한계는 오늘에 대해 의심하는 것이다.

프랭클린 D. 루즈벨트 Franklin D. Roosevelt

미국의 제32대 대통령(1882~1945). FDR이라는 약칭으로도 알려져 있는 그는 미국 역사상 가장 오랫동안 재임한 대통령으로 3번 이상의 임기를 수행한 유일한 인물이다. 그는 첫 번째와 두 번째 임기에 대공황을 극복하려고 노력했고 이후에는 제2차세계대전의 참전에 집중했다.

마음의 평안을 찾으려면 때로는 삶에 잡음을 만드는 사람,

장소, 상황과 소통을 의지적으로 끊어내는 노력이 필요하다.

작자 미상 Unknown

There is only one way to avoid criticism:
Do nothing, say nothing, and be nothing.

Q. 나에게 혹은 상대에게 어떤 말을 꼭 하고 싶나요?

Day 69 | 일에 대한 사랑   제임스 메튜 배리

The secret of happiness is not in doing what one
likes, but in liking what one does.

Q. 내가 하는 일을 좋아하나요? 왜 그런가요?
   그렇지 않다면 어떤 일을 하는 것을 좋아하나요?

비난을 피하는 방법이 딱 하나 있다.

아무것도 하지 않고, 아무 말도 하지 않고, 아무 것도 되지 않는 것이다.

아리스토텔레스Aristotle

고대 그리스의 철학자(384~322). 소크라테스, 플라톤과 함께 고대 그리스의 가장 영향력 있는 학자였으며, 그리스 철학이 현대 서양 철학의 근본을 이루는 데에 공헌하였다.

행복의 비결은 좋아하는 일을 하는 것이 아니라,

하는 일을 좋아하는 것이다.

제임스 메튜 베리 James Matthew Barrie

스코틀랜드의 소설가(1860~1937). 도시인 취향의 희곡뿐만 아니라 판타지적 요소가 있는 소설도 많이 출간했다. 《피터 팬》의 아버지로도 불린다.

A bird perched on a tree is not afraid of branches breaking.
It's not because he trusts the branches,
but because he trusts his own wings.

나무에 앉은 새는 나뭇가지가 부러지는 것을 두려워하지 않는다.
그건 나뭇가지를 믿어서가 아니라
자신의 날개를 믿기 때문이다.

Q. 나의 어떤 부분에 대한 믿음을 가지고 있나요?

"How does one become a butterfly?"
"You must want to fly so much
that you are willing to give up being a caterpillar."

"어떻게 하면 나비가 될 수 있죠?"
"날기를 간절히 원해야 해.
애벌레로 사는 것을 포기할 만큼 간절하게."

Q. 나의 일상 일부를 내려놓을 만큼 갖고 싶고 원하는 것이 있나요?

트리나 파울루스 Trina Paulus

미국의 작가이자 조각가, 운동가(1932~). 1972년 처음 출간된 뒤로 50여 년 동안 전 세계적으로 수백만 부가 팔린 《꽃들에게 희망을》의 작가이다. 국제여성운동단체인 '그레일(The Grail)'의 회원으로, 공동 농장에서 14년 동안 직접 우유를 짜고 채소를 재배했다.

I don't agree with the theory that adversity and
sorrow and disappointment develop moral strength.
The happy people are the ones who are bubbling
over with kindliness.

역경, 슬픔, 실망이 도덕적인 힘을 키워준다는 이론에 동의하지 않아요.
사람은 행복해야 친절로 넘칠 수 있다고요

Q. 친절이 넘칠 정도로 행복한 사람이 주변에 있나요? 나는 어떤가요?

진 웹스터 Jean Webster

미국의 작가(1876~1916). 40세라는 젊은 나이에 요절한 미국의 아동 문학가이다. 《키다리 아저씨》는 아직까지 미국 문학의 고전으로 널리 읽히고 있다.

Looking forward to things is half the pleasure of them.
You mayn't get the things themselves;
but nothing can prevent you from having the fun of
looking forward to them. Mrs. Lynde says, 'Blessed
are they who expect nothing for they shall not be
disappointed.'
But I think it would be worse to expect nothing
than to be disappointed.

즐거움의 반은 기대하는 거예요.
가질 수 없을지도 모르지만 그 어떤 것도
당신이 기대하는 즐거움을 누리는 걸 막을 수 없어요.
린드 아주머니는 '아무것도 기대하지 않는 사람은
실망할 게 없으니 그게 축복이야.'라고 말씀하시지만
아무것도 기대하지 않는 것이 실망하는 것보다 더 나쁜 것 같아요.

Q. 기대하지 않아서 실망하지 않는 게 나은가요, 실망해도 기대하는 게 나은가요?

Inaction breeds doubt and fear.
Action breeds confidence and courage.
If you want to conquer fear,
do not sit home and think about it.
Go out and get busy.

실행하지 않으면 의심과 두려움이 생기지만
실행하면 자신감과 용기가 생겨난다.
두려움을 극복하고 싶다면
집에 앉아서 생각하지 말고
나가서 바쁘게 무언가를 시작해라.

Q. 요즘 무엇으로 인해 바쁜가요?

Everyone is smart in different ways.
But if you judge a fish on its ability to climb a tree,
it will spend its whole life thinking that it's stupid.

누구에게나 서로 다른 능력이 있어.
그런데 물고기를 나무 타는 능력으로 판단하면
평생 자기가 무능하다고 생각하며 살아갈 거야.

Q. 나만의 능력이 있다면?

린다 멀렐리 헌트 Lynda Mullaly Hunt

미국의 작가이자 교사. 미국 코네티컷에서 활동하는 어린이 책 작가들에게 수여하는 '태시 월든 상'을 수상했다.

There is no rejection,
there is only redirection.

Q. 인생의 방향이 바뀐 적이 있나요?

Day 77 | 마음의 소리   파울로 코엘료 《연금술사》

You will never be able to escape from your heart.
So it's better to listen to what it has to say.

Q. 오늘, 나의 마음이 나에게 건네는 감정, 생각, 말은 무엇인가요?

거부는 없다.
방향 전환만 있을 뿐이다.

당신의 마음에서 절대 벗어날 수 없다.
마음의 말을 듣는 것이 낫다.

Being a successful person is not necessarily defined by what you have achieved, but by what you have overcome.

성공한 사람이란
지금까지 성취한 것이 아니라
지금까지 극복한 것으로 결정된다.

Q. 가장 최근에 성공을 위해 무엇을 극복해야 했나요?

페니 플래그 Fannie Flagg

미국의 배우이자 코미디 작가(1944~). 세상의 폭력과 무관심이 빚어낸 절망적인 삶에서 벗어나도록 서로를 이끌어주는 여성들의 진한 우정과 연대의식, 나아가 깊은 사랑을 보여준 소설이자 각본《프라이드 그린 토마토》를 썼다.

The choices you make now will affect you
for the rest of your life. Do the right thing.

지금 당신이 하는 선택은
앞으로의 인생 동안 당신에게 영향을 미칠 것이다.
고로 옳은 일을 해야 한다.

Q. 올바른 선택을 해서 만족했던 경험이 있나요?

영화 〈플립Flipped〉
미국의 로맨틱 코미디 드라마 영화(2010). 웬덜린 밴드라넌이 쓴 동명 소설이 원작이다.

He who finds diamonds must grapple in mud and mire because diamonds are not found in polished stones. They are made.

다이아몬드를 찾는 사람은 진흙과 수렁에서 분투해야 한다.
다이아몬드는 잘 다듬어진 돌에서는 찾을 수 없기 때문이다.
다이아몬드는 만들어지는 것이다.

Q. 다듬고 있는 원석이 있나요?
다이아몬드로 다듬을 때까지 가장 필요한 것은 무엇인가요?

헨리 B. 윌슨 Henry B. Wilson

미국의 해군제독(1861~1954). 제1차세계대전 시절 대서양 함대 정찰군 사령관을 지내며 전쟁에 공을 세웠다. 이후 해군 요직을 두루 거쳐 44년간의 복무를 마치고 1925년에 은퇴했다.

I've learned that

Maya Angelou

I've learned that no matter what happens, or how bad it seems today,
life does go on, and it will be better tomorrow.

I've learned that life sometimes gives you a second chance.

I've learned that you shouldn't go through life with a catcher's mitt
on both hands; you need to be able to throw some things back.

I've learned that even when I have pains,
I don't have to be one.

I've learned that I still have a lot to learn.

I've learned that people will forget what you said, people will forget
what you did, but people will never forget how you made them feel.

나는 배웠다(일부)

마야 안젤루

나는 배웠다.
어떤 일이 일어나도 그것이 오늘 아무리 안 좋아 보여도 삶은 계속된다는 것을.
내일이면 더 나아진다는 것을.

나는 배웠다.
삶은 때로 두 번째 기회를 준다는 것을.

나는 배웠다.
양쪽 손에 포수 글러브를 끼고 살면 안 되는 것을,
그리고 무엇인가를 다시 던져 줄 수 있어야 한다는 것을.

나는 배웠다.
고통이 있을 때에 내가 그 고통이 될 필요는 없다는 것을.

나는 배웠다.
내가 여전히 배워야 할 게 많다는 것을.

나는 배웠다.
사람들은 당신이 한 말, 당신이 한 행동은 잊지만
당신이 그들에게 어떻게 느끼게 했는가는 결코 잊지 않는다는 것을.

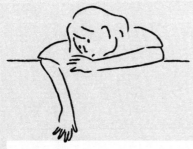

Wish List ──────────────

○ _____
○ _____
○ _____
○ _____
○ _____
○ _____
○ _____
○ _____
○ _____
○ _____

To-do List ──────────────

○ _____
○ _____
○ _____
○ _____
○ _____
○ _____
○ _____
○ _____
○ _____
○ _____

3.
Fall

풍성함과 쓸쓸함이 공존하는 시간

추수가 한창인 결실의 계절이 왔습니다.

가을은 열매를 식물 줄기에서 끊어내어 거두는

'갓ᄀᆞᆯ다'에서 나온 단어라고 해요.

아직도 남부지방의 방언에는 '추수하다' 뜻의 '가실하다',

즉 '가을'의 어원이 깃든 단어가 남아 있어요.

영어로 'fall미국식'은 고대영어 'foll나뭇잎 등이 떨어지다'에서 왔고,

'autumn영국식'은 '증가하다', '자라다'의 의미인 동사augere에서

파생된 라틴어 'autumus'가 그 어원이랍니다.

'수확', '추수'의 의미를 나타내는 단어이지요.

피어남의 절정인 열매 맺음과 거두고 떨어지는

수확이 공존하는 오묘한 계절이 바로 가을이라고 할 수 있어요.

오색찬란한 감성의 옷으로 갈아입는 시절,

어디를 봐도 알록달록 예쁜 가을 풍경처럼

예쁜 마음을 먹으며 한 해의 결실을 품에 안으세요.

그리고 이 계절, 마음껏 행복하기로 해요.

수확물의 양보다 질을 음미하는 것도 잊지 마세요.

많든 적든 없든 간에 생의 열매는 바로 나 자신이니까요.

Accept what you are able to do
and what you are not able to do.
Accept the past as past,
without denying it or discarding it.
Learn to forgive yourself and to forgive others.
Don't assume that it's too late to get involved.

네가 할 수 있는 것과
할 수 없는 것을 받아들여라.
과거를 부정하거나 버리지 말고
그냥 있는 그대로 받아 들여라.
자신을 용서하고 다른 사람을 용서하는 법을 배워라.
무언가 시작하기에 너무 늦었다고 생각하지도 말아라.

Q. 과거의 어떤 부분을 인정해야 할까요?

Don't believe what your eyes are telling you.

All they show is limitation.

Look with your understanding.

Find out what you already know and you will see the

way to fly.

눈을 통해 보는 것을 믿지 마세요.

보이는 것들은 모두 한계가 있어요.

스스로 이해하는 마음으로 바라보세요.

이미 알고 있는 것을 발견하면 날아갈 길이 보일 거예요.

Q. 이해되지 않는 사람이 있나요?

Hardships often prepare ordinary people for
an extraordinary destiny.

Q. 기억하고 싶은 고난을 극복한 사례가 있다면?

Day 84 | 우회　　　　　　　린다 수 박 소설 《사금파리 한 조각》

Sometimes it takes a detour in life
to find one's true purpose.

Q. 인생에 우회로가 있었던 경험이 있나요?

고난은 종종 평범한 사람들에게 특별한 운명을 준비시킨다.

C. S. 루이스 C. S. Lewis

영국의 소설가이자 학자, 성공회의 평신도(1898~1963). 뛰어난 학자이기도 했으며 어른을 위한 공상 과학소설 공간 3부작 등과 아이들을 위한 판타지소설인 《나니아 연대기》를 썼다. 그의 작품들은 대부분 기독교적인 주제를 다루고 있다.

진정한 목적을 찾기 위해 때로는 인생을 돌아갈 필요도 있다.

What's wrong with being number 2?

Q. 1등이 못 되어서 아쉬웠던 적이 있나요? 2등이라서 좋은 점은 뭘까요?

I was different.
I was special.
I was magic.

Q. 남과 다른 나만의 매력은 무엇인가요??

2등이 뭐 어때서?

나는 남들과 달랐다.
특별했다.
마법과 같은 매력이 있었다.

It isn't the big troubles in life that require character.
Anybody can rise to a crisis
and face a crushing tragedy with courage,
but to meet the petty hazards of the day with a laugh
– I really think that requires spirit!

인격이 필요하다는 사실은
인생에 있어 큰 문제가 아니에요.
누구든지 위기에 맞서
참혹한 비극을 마주할 수 있는 용기는 있어요.
하지만 하루의 사소한 위기를 웃고 넘기려면
정신력이 필요한 것 같더라고요!

Q. 나의 정신력은 100점 만점에 몇 점인가요? 왜 그런가요?

"What's your best discovery?"
"That I'm enough as I am."

Q. 나는 나로서 충분한가요? 어떤 점이 그런가요?

Funny how sometimes you worry a lot about
something and it turns out to be nothing.

Q. 아무것도 아닌 것처럼 웃어넘길 수도 있는 걱정거리가 있나요?

"최고의 발견은 뭐야?"
"나는 나로서 충분하다는 거야."

걱정하던 것이 아무것도 아닌 게 되어 버릴 때도 있는 걸 보면
인생은 재밌어요.

One must live the way one thinks
or end up thinking the way one has lived.

생각하는 대로 살지 않으면
결국에는 사는 대로 생각하게 된다.

폴 부르제 Paul Bourget

프랑스의 작가(1852~1935). 아카데미 프랑세즈 회원이다. 20세기 초 당대 사회, 정치, 종교적 문제에 관하여 심리 소설가이자
모럴리스트로서 활동했으며 시, 수필도 다작했다.

Simplicity,
simplicity,
simplicity!
I say, let your affairs be as two or three,
and not a hundred or a thousand.

간소하게,
간소하게,
간소하게!
제발 일을 두세 가지로 줄이세요.
백 가지나 천 가지가 되도록 하지 마시고요.

Q. 내 삶에 어떤 부분을 간소화할 필요가 있나요?

You can have everything and feel nothing.

Q. 내가 가진 것을 감각하며 살고 있나요? 무엇을 어떻게 느끼고 있나요?

Attitude is a little thing that makes a big difference.

Q. 삶을 바꾸기 위해 가장 필요한 태도는 무엇이라 생각하나요?

모든 것을 가질 수 있지만 아무것도 느끼지 않을 수도 있다.

태도는 사소하지만 큰 차이를 만든다.

윈스턴 처칠 Winston Churchill

영국의 정치가(1874~1965). 제2차세계대전 중에 총리가 되어 연합군을 승리로 이끈 전쟁 영웅이다. 이념적으로 경제적 자유주의자이자 제국주의자이며 작가로도 왕성한 활동을 하여 노벨문학상을 받기도 했다.

The art of being wise is knowing what to overlook.

Q. 지혜롭게 지금 그냥 지나쳐야 할 일이 있나요?

You can't always judge people by the things they
have done.
You got to judge them by what they are doing now.

Q. 현재 무엇을 하고 있나요? 나를 증명하고 평가받을 수 있는 무언가가 있나요?

지혜로워지는 묘책은 무엇을 그냥 지나쳐야 하는지를 아는 것이다.

항상 과거에 했던 일로 사람을 판단할 수는 없다.
현재 무엇을 하고 있는지로 판단해야 한다.

케이트 디카밀로 Kate DiCamillo
미국의 아동문학 작가(1964~). 《내 친구 윈 딕시》로 2001년 뉴베리상을 수상했고, 친구 아들의 부탁으로 쓴 《생쥐 기사 데스페로》로 2004년 뉴베리상을 수상했다.

Be careful not to keep your eyes glued to detail.
Stand far enough away
to get a perspective of the whole.

세세한 부분에 집착하지 않도록 주의하세요.
충분히 멀리 떨어져서
전체를 볼 수 있어야 해요.

Q. 나무와 숲 중 어떤 것을 더 잘 보는 편인가요? 나무보다 숲을 보아야 할 일이 있나요?

If you want to succeed you should strike out new paths,
rather than travel the worn paths of accepted success.

성공하고 싶다면 새로운 길을 열어나가야 한다.
이미 과거에 성공한 길을 그대로 따라가지 말아야 한다.

Q. 선구자, 개척의 길이 힘든 이유는 무엇인가요? 유익이 있다면 무엇일까요?

존 D. 록펠러 John D. Rockefeller
미국의 사업가이자 대부호(1839~1937). 1870년 스탠더드 오일(현 엑슨모빌)을 창립하여 석유사업으로 많은 재산을 모아 세계
최고의 부자로 손꼽히는 인물이다.

Everything is still so new, and so different, for all of us.
Most of the time we are lost,
drifting along on our own planets.
But we are together in the same universe, at least.

누구에게나 모든 것이 여전히 새롭고 다르다.
대부분의 시간 동안 우리는 자신만의 세계에서 길을 잃고 표류한다.
하지만 적어도 우주라는 같은 공간에 모두 함께 있다.

Q. 내가 방황할 때 함께 있어 주는 친구는 누구인가요?

The goal is not to be better than the other man,
but your previous self.

다른 사람과 비교하지 말고
어제의 나보다 더 나아지는 것을 목표로 삼으세요.

Q. 어제의 나보다 어떤 점이 더 나아졌나요? 혹은 나아지고 싶나요?

달라이 라마 Dalai Lama

티베트 불교의 지도자(1935~). 정치적인 의미에서 티베트의 국가원수이자 실질 통치자이기도 하다. 현재의 달라이 라마는 달라이 라마 14세 텐진 갸초다.

A good hockey player plays where the puck is.
A great hockey player plays where the puck is going
to be.

훌륭한 하키 선수는 퍽(하키공)을 따라 움직인다.
위대한 하키 선수는 퍽이 갈 곳을 예측해서 움직인다.

Q. 예측과 예상을 잘하려면 무엇이 필요한가요?

_____

_____

_____

_____

_____

_____

_____

_____

_____

_____

_____

_____

_____

웨인 그레츠키 Wayne Gretzky

캐나다의 아이스하키 선수(1961~). 약 20년간 내셔널 하키 리그(NHL)에서 활동하며 아이스하키 역사상 가장 뛰어난 업적을 남긴 선수 중 한 명으로 잘 알려져 있다.

If you can't fly then run,
if you can't run then walk,
if you can't walk then crawl,
but whatever you do you have to
keep moving forward.

날 수 없으면 달리고,
다릴 수 없으면 걷고,
걸을 수 없으면 기어라.
중요한 건 어떻게 하든
계속 앞으로 나아가야 한다는 것이다.

Q. 어떤 상황에서도 꾸준하게 해 온 일이 있나요?

Don't be afraid to give your best
to what seemingly are small jobs.
Every time you conquer one
it makes you that much stronger.
If you do the little job well,
the big ones will tend to take care of themselves.

작은 일처럼 보이는 것에
최선을 다하는 것을 두려워하지 마십시오.
하나를 정복할 때마다 훨씬 더 강해지거든요.
작은 일을 잘 해낸다면,
큰일은 저절로 잘 해내게 돼요.

Q. 큰일을 성취하기 위해 가장 필요한 자질은 무엇이라고 생각하나요?

Sadness is intrinsically part of the fabric of happiness.
You can't have one without the other.
Of course, they come in different degrees and
quantities. But there is no life where you can be in a
state of sheer happiness for ever.
And imagining there is just breeds more unhappiness
in the life you're in.

슬픔은 본질적으로 행복의 일부다.
슬픔과 행복, 둘 중 하나 없이는 가질 수 없다.
물론 그 정도와 양은 다르다.
하지만 영원토록 순전한 행복의 상태인 삶은 없다.
그런 상태가 있다고 생각하면 당신의 삶에 불행만 낳을 뿐이다.

Q. 행복하지만 동시에 슬픈 일이 있나요?

You must be filled with expectancy.
You must be awash in hope.
You must wonder who will love you,
whom you will love next.

기대로 가득 차 있어야 한다.
희망으로 넘쳐야 한다.
누가 당신을 사랑할지,
다음에 누구를 사랑하게 될지를 궁금해해야 한다.

Q. 누구의 사랑을 받기를 기대하나요?

Knowing is not enough; we must apply.
Being willing is not enough; we must do.

Q. 매번 마음을 먹지만 행동으로 이어지지 않는 것이 있나요? 그 이유는 무엇일까요?

Day 106 | 선택   팀 파고

If you want a new tomorrow,
then make new choices today.

Q. 새로운 선택과 결정을 해야 할 일이 있나요? 어떤 내일을 원하나요?

아는 것으로 그쳐서는 안 된다. 적용해야 한다.
하려는 마음만으로는 안 된다. 행동을 해야 한다.

레오나르도 다 빈치 Leonardo da Vinci
이탈리아 예술가(1452~1519). 그는 화가이자 조각가, 발명가, 건축가, 해부학자, 지리학자, 음악가 등 다양한 분야와 직업을 갖고 활동했다. 2007년 〈네이처〉지에서 전 인류에서 가장 창의적인 인물로 다 빈치를 선정했다.

새로운 내일을 원한다면 오늘 새로운 선택을 하세요.

Success is not final, failure is not fatal:
it is the courage to continue that counts.

Q. 아직 종료되지 않았지만 지속하고 있는 프로젝트가 있다면 무엇인가요?
어떤 결과를 기대하나요?

Day 108 | 불굴 실베스터 스탤론

It ain't about how hard you hit.
It's about how hard you can get hit
and keep moving forward.

Q. 30대에 하고 싶은 도전은? 30대에 했던 가장 큰 도전을 떠올려 볼까요?

성공이 최종적인 것이 아니며, 실패가 치명적인 것도 아니다.
중요한 것은 계속하려는 용기이다.

당신이 얼마나 세게 쳤는지에 관한 것이 아니다.
중요한 것은 얼마나 세게 맞고도 계속 앞으로 나아갈 수 있는가다.

실베스터 스탤론 Sylvester Stallone
미국의 배우이자 감독(1946~). 영화 〈록키〉, 〈람보〉 등 전 세계에서 인기를 끈 영화 시리즈에 출연하였다.

Winners never quit and quitters never win.

Q. 포기하지 않으려면 무엇이 필요할까요?

Day 110 | 긍정 린다 멀랠리 헌트 소설 《나무 안의 물고기》

Maybe "I'm having trouble." is not the same
as "I can't."

Q. 문제 속에서 내가 할 수 있는 것은 무엇일까요?

승자는 결코 포기하지 않는 자이며 포기하는 자는 결코 승리하지 못한다.

빈스 롬바디 Vince Lombardi
미국의 미식축구 선수이자 감독(1913~1970). 1959년부터 1967년까지 9시즌 동안 내셔널 풋볼 리그(NFL)의 그린베이 패커스의 감독을 맡았으며, 1969년에는 워싱턴 레드스킨스의 감독을 맡았다. 그린베이 패커스의 감독으로 있을 때 제1회와 제2회 슈퍼볼 우승에 기여하여 명성을 떨쳤다.

"나 지금 문제를 겪고 있어."가
"난 할 수 없어."와 동의어는 아니에요.

Pain is inevitable.
Suffering is optional.

Q. 무엇이 아픈가요? 괴로워하지 않기 위해서 어떻게 해야 할까요?

Do not follow where the path may lead.
Go instead where there is no path and leave the trail.

Q. 아무도 하지 않았던 일을 맡아 해야 했던 경험이 있나요?
   깨달은 점이 있다면 무엇인가요?

아픔은 피할 수 없다.

하지만 괴로워하는 것은 선택이다.

무라카미 하루키 Haruki Murakami

일본의 소설가이자 번역가(1949~). 작품 대부분이 50개 이상의 언어로 번역되었고, 일본뿐만 아니라 세계적으로 몇 백만 부 이상의 판매고를 올린 국제적인 베스트셀러 작가다.

길이 이끄는 대로 가지 마라.

대신 길이 없는 곳으로 가서 발자국을 남겨라.

랠프 왈도 에머슨 Ralph Waldo Emerson

미국 사상가 겸 시인(1803~1882). 정신을 물질보다도 중시하고 직관에 의하여 진리를 알고, 자아의 소리와 진리를 깨달으며, 논리적인 모순을 관대히 보는 신비적 이상주의자였다. 주요 저서에는 《자연론》, 《대표적 위인론》 등이 있다.

It's our choices that you show what you truly are,
far more than our abilities.

Q. 진정 바라는 나의 모습을 만들어 가기 위해 어떤 선택을 하셨나요?

Day 114 | 소신   미치 앨봄 소설 《모리와 함께한 화요일》

If the culture doesn't work, don't buy it.
Create your own. Most people can't do it.

Q. 어떤 문화를 받아들이지 않고 싶나요?
　 창조하고 싶은 나만의 문화가 있다면 무엇인가요?

그건 우리가 선택하는 거란다. 가지고 있는 능력을 넘어서서
진정 바라는 모습을 만들어 가는 것은 바로 나 자신이야.

J. K. 롤링J. K. Rowling
영국의 아동 문학 작가(1965~). 역사상 가장 많이 팔린 베스트셀러《해리포터》시리즈를 집필했다.

문화가 나의 신념에 따라 작동하지 않으면 굳이 받아들이지 말아라.
너만의 문화를 만들어 가렴.
대부분의 사람들이 그렇게 할 수 없는 것이 문제란다.

존D. 록펠러

Don't be afraid to give up the good for the great.

Q. 기회비용(큰 비용이나 댓가)을 치러야 했던 경험이 있나요?

Day 116 | 성공의 디딤돌 데일 카네기

Develop success from failures.
Discouragement and failure are two of the surest
stepping stones to success.

Q. 실패에서 배운 교훈이 한 가지 있다면 무엇인가요?

큰 성공을 위해 좋은 것을 포기하는 것을 두려워하지 마라.

실패에서 성공을 끌어내라.
좌절과 실패는 성공에 이르는 가장 확실한 디딤돌이다.

If you aim to be something you are not,
you will always fail. Aim to be you.
Aim to look and act and think like you.
Aim to be the truest version of you.
Embrace that you-ness.
Endorse it. Love it. Work hard at it.
And don't give a second thought
when people mock it or ridicule it.
Most gossip is envy in disguise.

내가 아닌 것이 되려고 하면 항상 실패하게 된다.
내 자신이 되는 것을 목표 삼아라.
나답게 보이고, 나답게 행동하고, 나답게 생각하려고 해라.
진정한 내가 되는 것이 목표가 되어야 한다.
나다움을 받아들이고 인정하며 사랑해라.
그리고 열심히 내가 되기 위해 노력해라.
사람들이 조롱하거나 비웃을 때도 주춤하지 마라.
사람들이 입을 대는 것은 대개 부러움이 숨어있는 것이다.

Q. 나다운 행동, 나다운 생각은 무엇인가요? 진정한 나다움은 어떤 것인가요?

At times, our own light goes out
and is rekindled by a spark from another person.
Each of us has cause to think with deep gratitude
of those who have lighted the flame within us.

자신의 빛은 꺼졌다가
다른 사람의 불꽃에 의해 다시 켜지곤 한다.
우리는 각자의 내면에 불을 붙여준 사람들에 대해
깊이 감사하며 생각해 봐야한다.

Q. 나의 인생에 빛을 비춰준 사람은 누구인가요? 생각하며 깊은 감사를 해볼까요?

알베르트 슈바이처 Albert Schweitzer
독일계 프랑스 의사이자 신학자(1875~1965). '생명에 대한 경외'를 실천하기 위해 아프리카로 의료 봉사를 떠나 오랜 기간 활동했다. 1952년 노벨 평화상을 수상하였다.

You'll meet a lot of jerks in life.
If they hurt you, remember it's because they're
stupid. Don't react to their cruelty.
There's nothing worse than bitterness and revenge.
Keep your dignity and be true to yourself.

살면서 재수 없는 사람들을 많이 만나게 될 거야.
만일 상처받는 일이 생기면 (네가 아니라)
그들이 문제라는 걸 기억하렴.
그 얼간이들의 잔인함에 반응하지 마.
그들 때문에 괴로워하거나 이를 가는 것이 더 최악이지.
자존감을 잃지 말고 자신에게 진실하면 되는 거야.

Q. 나에게 나쁘게 대하는 사람이 있나요? 어떻게 반응해야 할까요?

What matters most are the simple pleasure.
Happiness doesn't lie in the objects we gather around us.
To find it, all we need to do is open our eyes.

가장 중요한 건 작은 기쁨이야.
행복은 우리가 수집하는 물건에 있지 않아.
행복을 발견하기 위해서 필요한 건 눈을 뜨는 일 밖에 없어.

Q. 아침에 눈을 뜰 때 행복했나요? 오늘 눈을 크게 뜨고 발견할 행복은 무엇일까요?

Not

Erin Henson

You are not your age,

Nor the size of your clothes you wear,

You are not a weight,

Or the colour of your hair,

You are all the books you read,

And all the words you speak,

You are the things you believe in

And the people that you love,

You are the photos in your bedroom,

And the future you dream of,

You are made of so much beauty,

But it seems that you forgot,

When you decided that you were defined,

By all the things you are not.

아닌 것(일부)

에린 헨슨

당신은 당신의 나이가 아닙니다.
입는 옷의 크기나,
몸무게나,
머리 색깔도 당신이 아닙니다.

당신은 당신이 읽은 모든 책이며,
당신이 하는 모든 말입니다.
당신은 당신이 믿는 것들이고
당신이 사랑하는 사람들이며
당신 방에 걸린 사진들,
그리고 당신이 꿈꾸는 미래입니다.

너무도 많은 아름다움으로 이루어져 있는 당신에 대해
잊었던 것 같습니다.
당신이 아닌 그 모든 것들로
자신을 정의하기로 마음먹었던 순간에 말이지요.

Wish List ────────────────

○ _____

○ _____

○ _____

○ _____

○ _____

○ _____

○ _____

○ _____

○ _____

○ _____

To-do List ────────────────

○ _____

○ _____

○ _____

○ _____

○ _____

○ _____

○ _____

○ _____

○ _____

○ _____

4.
Winter

무탈하게 한 해를 정리하는 시간

겨울은 '겻머물다'의 의미를 지닌 '겨슬'에서 나온 말이래요.
즉, 열심히 한 해를 살아내고 잠시 머물며 숨 고르기를 하는 계절이라는 뜻이지요.
영어로 'winter겨울'는 게르만어의
'wintuz모든 것이 얼어서 빈둥거리며 휴식하다'에서 나온 말로 '휴한기'를 의미해요.
추운 계절을 살아내는 '윈터링wintering'은 찬란한 봄맞이를 위해
필수적으로 거쳐야 하는 단절의 시간이자 준비라고 할 수 있어요.
미래를 위해 잘 멈춰서서 나를 다듬는 작업을 견디는 일이야말로
지혜로운 겨울나기가 아닐까 합니다.
게다가 이 일시적인 휴지기에 한 해를 시작하는
첫날이 포함되어 있다는 사실은 겨울의 의미를 더욱 값지게 해주지요.
따사로운 햇살이 빼꼼하게 얼굴을 내밀 때쯤,
당당하게 외투를 벗기 위해 삶의 에너지를 아끼고 비축하세요.
어찌 보면 겨울이라는 정착지는 1년의 힘을 인큐베이팅하는
'내공 공작소'가 아닐까요?

"가장 어려운 부분은 기다리는 것이다. 가장 쉬운 부분은 기다림을 잊는 것이다."

멋진 나를 잉태하는 겨울, 간절히 바라던 '그것'을 봄에 만날 수 있도록
잊지 말고 꼭 챙기세요!

Now is no time to think of what you do not have.
Think of what you can do with that there is.

Q. 현재 가지고 있어서 감사한 것이 무엇인가요?

Day 122 | 행운 달라이 라마

Remember that sometimes not getting
what you want is a wonderful stroke of luck.

Q. 기회를 놓쳤다고 생각했는데 결국 하지 않은 게 행운이었던 일이 있나요?

지금은 뭐가 없는지를 생각할 시간이 없다.
현재 가지고 있는 걸로 뭘 할 수 있는지 생각할 때다.

때로는 원하는 것을 얻지 못하는 것이 행운일 수 있다는 걸 기억하세요.

It's easy to look back and see it,
and it's easy to give the advice.
But the sad fact is, most people don't look
beneath the surface until it's too late.

뒤돌아보기는 쉽고, 충고를 건네기도 쉽다.
그러나 안타까운 건 사람들이 표면 아래를 들여다볼 때는
대부분 이미 너무 늦었다는 점이다.

Q. 시기를 놓치기 전에 돌아 봐야 할 것은 무엇이 있을까요?
올 한해를 뒤돌아 보며 어떤 단어가 떠오르나요? 나에게 어떤 말을 해주고 싶나요?

"What do you think is the biggest waste of time?"
"Comparing yourself to others."

Q. 나를 누구와 비교하고 있나요? 왜 그런가요?

Day 125 | 자기 발견   버니스 존슨 레이건

Life's challenges are not supposed to paralyze you;
they're suppposed to help you discover who you are.

Q. 나를 성장시킨 인생의 문제는 무엇인가요?

"네 생각에 가장 큰 시간 낭비가 무엇인거 같아?"
"다른 사람과 날 비교하는 일이지."

인생의 문제는 당신을 무너뜨리기 위한 것이 아니다.
진정한 자신을 찾도록 돕기 위한 것이다.

버니스 존슨 레이건 Bernice Johnson Reagon
미국의 가수이자 작곡가, 사회활동가(1942~2024). 전통 아프리카 음악을 연구하고 불렀으며 1960년대 흑인민권운동에 적극적으로 참여했다.

Life is like riding a bicycle.
To keep your balance, you must keep moving.

Q. 현재 인생에 균형이 깨어진 부분이 있다면 무엇인가요?

It is not the length of life, but the depth.

Q. 내 인생의 깊이는 길이를 넘어설까요? 깊이 있는 인생을 위해 무엇을 해야 할까요?

인생은 자전거를 타는 것과 같다.
균형을 잡으려면 계속 움직여야 한다.

알버트 아인슈타인 Albert Einstein
독일의 이론 물리학자(1879~1955). 상대성 이론, 양자역학 등의 개념을 정립한 역사상 가장 위대한 과학자다.

인생은 길이가 아니라 깊이다.

It might seem strange to start a story with an ending.
All endings are also beginnings.
We don't know it at the time.

결말과 함께 이야기를 시작하는 것이 이상해 보일 수도 있다.
하지만 모든 끝은 시작이기도 하다.
끝이라고 생각했던 그 당시에 알 수 없지만.

Q. 끝이라고 생각했는데 시작이었던 일이 있다면?

The one law that does not change is that everything changes, and the hardship I was bearing today was only a breath away from the pleasures I would have tomorrow, and those pleasures would be all the richer because of the memories of this I was enduring.

불변의 법칙 중 하나는
모든 것이 변한다는 거예요.
오늘 내가 겪는 고난 바로 뒤에
내일 즐기게 될 기쁨이 따라오며,
그 기쁨은 고난을 견뎌낸 기억들 때문에 더 커져요.

Q. 불변하는 것이 있다고 생각하나요? 가장 많이 변하는 것은 무엇인가요?

루이스 라무르 Louis L'Amour

미국의 작가(1908~1988). 미국의 식민지 개척 정신을 일깨우는 서부 소설을 주로 집필했다.

I'm making a cocoon.
It looks like I'm hiding, I know, but a cocoon is no escape.
It's an in–between house where the change takes place.
It might seem nothing is happening
but the butterfly is already becoming.

난 지금 고치를 만들고 있어.
숨어있는 것처럼 보이지만 고치는 도피처가 절대 아니야.
변화가 일어나는 동안 잠시 머무르는 곳이지.
아무것도 일어나지 않는 것처럼 보이지만
이미 나비가 되고 있는 거야.

Q. 미래에 어떤 나비의 모습으로 변화되기를 바라나요?

A fish swims up to this older fish and says,
"I'm trying to find this thing they call ocean."
"The ocean?" says the older fish.
"That's what you're in right now."
"This?" says young fish.
"This is water. What I want is the Ocean."

한 물고기가 나이 많은 물고기에게 다가가서 말했지.
"바다라는 걸 찾고 있어요."
"바다라고? 네가 있는 곳이 바다인데?"
나이 많은 물고기가 말했지.
"여기라고요? 이건 물일뿐이에요. 난 바다를 원한다고요."
어린 물고기가 대답했지.

Q. 바다를 물로 착각하고 있진 않나요? 나의 바다는 무엇인가요?

영화 〈소울Soul〉
픽사 애니메이션 스튜디오의 23번째 장편 영화(2020).

The thing that looks the most ordinary might end up being the thing that leads you to victory.

Q. 평범하지만 특별한 힘이 있는 말(문구)이 있나요?

Day 133 | 관계   시시 벨 그래픽 노블 《엘 데포》

Sometimes the best way to fit in is to stand out.

Q. 사람들의 주목을 받아 좋았던 점이 있나요?

가장 평범해 보이는 것이 결국 당신을 승리로 이끄는 실마리가 될 수 있다.

때로는 눈에 확 띄는 것이 관계를 잘 맺고 어울리는 가장 좋은 방법이다.

Physical fitness is
not only one of the most important keys
to a healthy body, it is the basic of dynamic
and creative intellectual activity.

체력은 건강한 신체를 위한 가장 중요한 열쇠 중 하나일 뿐만 아니라,
역동적이고 창의적인 지적 활동의 기본이다.

Q. 체력을 단련하기 위한 운동 중 나에게 가장 잘 맞는 운동은 무엇인가요?

Day 135 | 감사 크리스틴 암스트롱

When we focus on our gratitude,
the tide of disappointment goes out
and the tide of love rushes in.

Q. 감사를 많이 하면 어떤 일이 일어날까요? 나는 감사를 많이 하는 사람인가요?

Day 136 | 나눔 레너드 니모어

The miracle is this:
the more we share the more we have.

Q. 오늘 나의 무엇을, 누구와 나누시겠어요?

우리가 감사에 집중할 때 실망의 물결은 사라지고 사랑의 물결이 밀려온다.

크리스틴 암스트롱 Kristin Armstrong
프로 자전거 선수(1973~). 올림픽에서 세 차례나 금매달을 수상한 메달리스트이다.

기적은 이것이죠.

더 많이 나눌수록 더 많이 가지게 된다는 것.

레너드 니모어 Leonard Nimoy
미국의 배우이자 감독(1931~1915). 영화 〈스타 트렉〉 시리즈에서 50여 년 동안 스팍 역을 맡아 유명세를 얻었다.

Day 137 | 불가능의 가능 조지 라드

Start doing what's necessary;
then do what's possible;
and suddenly you are doing the impossible.

Q. 나도 모르는 사이에 성장한 모습을 마주했던 적이 있나요?

Day 138 | 행복의 정의 에이브러햄 링컨

Happiness consists in frequent repetition of pleasure.

Q. 자주 나를 즐겁게 해주는 대상, 물건, 활동이 있다면?

필요한 일을 시작하세요.
그런 다음 가능한 일을 하세요.
그러면 갑자기 당신은 불가능한 일을 하고 있을 거예요.

조 지라드 Joe Girard

미국의 세일즈맨 동기부여가(1928~2019). 자동차 브랜드 쉐보레에서 수많은 자동차를 판매했으며, 1년에 가장 많은 자동차를 판매한 사람으로 기네스북에 등재됐다. 이를 바탕으로 다수의 자기계발서를 집필했다.

행복은 즐거움이 자주 반복되는 것이다.

People are afraid to pursue their most important dreams,
because they feel that they don't deserve them,
 or that they'll be unable to achieve them.

사람들은 가장 중요한 꿈을 좇는 것을 두려워한다.
자신이 꿈을 꿀 자격이 없다고 느끼거나
꿈을 성취할 능력이 없다고 느끼기 때문이다.

Q. 꿈을 좇기 두려운 이유는 무엇일까요? 두려움 없이 좇고 싶은 꿈이 있다면?

The first step toward getting somewhere is to decide
that you are not going to stay where you are.

어디론가 가기 위한 첫걸음은
당신이 지금 있는 곳에 머무르지 않겠다는 결심에서부터이다.

Q. 남들이 반대했던 결심을 한 적이 있나요? 결과는 어땠나요?

J. P. 모건 J. P. Morgan

미국의 은행가이자 J.P 모건의 설립자(1837~1913). 미국인들에게 실용적이고 매우 계산적인 사람으로 여겨지며 미국 경제에서 가장 중요한 인물로 평가받는다.

Courage is not the absence of fear but rather the judgement that something is more important than fear;
The brave may not live forever but the cautious do not live at all.

용기란 두려움이 없는 상태가 아니라
두려움보다 더 중요한 무엇인가가 있다고 판단하는 것이다.
용기 있는 자의 삶이 영원하지는 않겠지만
망설이는 자는 아예 살지 않는 것과 같다.

Q. 가장 최근에 용기를 냈던 일이 있다면?

영화 〈프린세스 다이어리 The Princess Diaries〉
선풍적인 인기를 끌었던 미국의 로맨틱 코미디(2001).

Day 142 | 두려움의 이면   조지 아데어

Everything you've ever wanted is
on the other side of fear.

Q. 모두가 반대했던 것을 두렵지만 행했던 적이 있나요? 결과가 어땠나요?

Day 143 | 희망   어슐러 K. 르 귄

No darkness lasts forever.
And there, there are stars.

Q. 인생에 별이 되어주는 사람, 일, 목표 등이 있나요?

당신이 원했던 모든 것은 두려움의 반대편에 있다.

조지 아데어 George Addair

미국의 부동산 개발업자(1823~1899). 미국 조지아주 애틀란타 지역에서 부동산 개발로 부호가 되었다.

그 어떤 어둠도 영원하지 않다.

그리고 그 어둠 속에도 별은 있다.

어슐러 K. 르 귄 Ursula K. Le Guin

미국의 공상과학 작가(1929~2018).

Being different?
That turned out to be the best part of all.
I found that with a little creativity, and a lot of dedication,
any difference can be turned into something amazing.
Our differences are our superpowers.

남과 다르다는 것?
그건 무엇보다 가장 좋은 것이다.
다르다는 것은 약간의 창의성과 많은 노력을 더하면
놀라운 무엇으로 바뀔 수 있다는 것을 깨달았다.
다르다는 점은 각자가 가진 초능력이다.

Q. 내가 가진 초능력은 무엇인가요?

Day 145 | 일의 의미 린다 수 박 소설 《사금파리 한 조각》

One's work is where one makes one's mistakes
and learns from them.

Q. 일터에 대한, 혹은 많은 시간과 열정을 쏟는 것에 대한 감사를 해볼까요?

Day 146 | 투지 제리 크래프트 그래픽 노블 《뉴 키드》

Just because something is difficult
doesn't mean it's impossible.

Q. 하나의 꿈을 이룬 후 생겨난 새로운 꿈이 있나요?

일터는 실수도 하고, 그 실수를 통해 배우는 곳이기도 하죠.

어떤 일이 어렵다고 해서 그것이 불가능하다는 뜻은 아니에요.

제리 크래프트 Jerry Craft **그래픽 노블**《**뉴 키드**New kids》
미국의 일러스트레이터(1963~). 미국 유명 만화 출판사 '마블 코믹스'와 작업을 시작으로 대중적 인기를 얻었다 《뉴 키드》는 그래픽 노블로는 100여 년 역사상 최초로 뉴베리상을 받았다.

So many people walk around with a meaningless life.
They seem half–asleep, even when they're busy
doing things they think are important.
This is because they're chasing the wrong things.
The way you get meaning into your life is
to devote yourself to loving others,
devote yourself to your community around you,
and devote yourself to creating something
that gives you purpose and meaning.

많은 사람들이 무의미한 삶을 살아가고 있다.
중요하다고 생각하는 일을 하느라 바쁠 때도 반쯤 잠든 것 같다.
잘못된 것을 쫓고 있기 때문이다.
삶에 의미를 부여하는 방법은
다른 사람을 열심히 사랑하고, 공동체에 헌신하고,
인생의 목적과 의미를 부여하는
무언가를 만들기 위해 노력하는 것이다.

Q. 내 인생의 목적과 의미는 무엇인가요?

Sorry, there's no magic bullet.
You gotta eat healthy and live healthy
to be healthy and look healthy.
End of story.

미안한데 마법의 총알 따윈 없어요.
건강하고 또 건강해 보이려면
건강하게 먹고 건강하게 살아야 해요.
해줄 말은 이게 다예요.

Q. 나의 건강식을 떠올려 볼까요? 건강을 위해 어떻게 먹고 있나요?

모건 스펄록 Morgan Spurlock

미국의 다큐멘터리 감독(1970~). 미국의 다양한 사회문제를 주제로 한 다큐멘터리와 영화를 주로 제작했다.

Gratitude is one of the strongest
and most transformative states of being.
It shifts your perspective from lack to abundance
and allows you to focus on the good in life,
which in turn pulls more goodness into your reality.

감사를 통해 우리는 가장 강력하게 변화될 수 있어요.
감사는 우리의 관점을 부족함에서 풍요로움으로 바꾸고
인생의 좋은 점에 집중할 수 있게 해주며,
결과적으로 더 많은 선을 현실로 끌어당겨 주지요.

Q. 그러니까, 그럼에도, 그럴수록, 그것까지 감사한 것을 나열해 볼까요?

젠 신체로 Jen Sincero

미국의 가수, 동기부여가, 작가(1965~). 가수로 활동하다 집필한《You Are Badass》가 뉴욕타임스 베스트셀러가 되면서 성공
코치로 활동 중이다.

Your truest friends are the ones who will stand by you
in your darkest moments – because they're willing to
brave the shadows with you – and in your greatest
moment – because they're not afraid to let you shine.

가장 진정한 친구란 당신의 가장 어두운 순간에
당신 곁에 있어 줄 사람들에요.
기꺼이 함께 어둠을 용감하게 헤쳐나갈 의지가 있기 때문에,
그리고 당신의 가장 위대한 순간에도
당신을 빛나게 하는 걸 두려워하지 않기 때문이에요.

Q. 어려울 때 도움을 주었던 친구가 있나요? 무엇을 깨달았나요?

니콜 야손스키 Nicole Yatsonsky

미국 뉴저지 출신 작가. 단편 소설부터 각본까지 다양한 창작 활동을 하고 있다.

What you get by achieving your goals
is not as important as what you become
by achieving your goals.

목표를 달성하여 무엇을 얻는 것은
목표를 달성하여 무엇이 되느냐 만큼 중요하지 않다.

Q. 어떤 사람이 되고 싶나요? 어떤 사람이라는 평판을 받고 싶나요?

지그 지글러 Zig Ziglar

미국의 작가(1926~2012). 세계적인 연설가로 유명하며 베스트셀러 다수를 펴냈다.

We must develop and maintain the capacity to forgive. He who is devoid of the power to forgive is devoid of the power to love.

용서하는 능력을 개발하고 유지해야 한다.
용서할 능력이 없는 사람은 사랑할 능력도 없다.

Q. 용서하고 나서 더 관계가 좋아진 사람이 있나요? 먼저 용서했을 때 어땠나요?

Love is more than a noun – it is a verb;
it is more than a feeling – it is caring, sharing,
helping, sacrificing.

사랑은 명사 그 이상이다. 동사이다.
사랑은 감정 그 이상이다.
배려하고, 나누고, 돕고, 희생하는 것이다.

Q. 내가 가장 잘할 수 있는 사랑의 동사는 무엇인가요?

윌리엄 아서 워드 William Arthur Ward

미국의 작가(1921~1994). 그가 쓴 시, 에세이 등은 미국의 유명 잡지 〈리더스 다이제스트〉 등에 실렸고, 그의 글들은 지금도 자주 인용되며 사랑받고 있다.

We can't take any credit for our talents.
It's how we use them that counts.

Q. 나의 재능을 어떻게 사용하고 있나요?

Day 155 | 삶의 방향   제리 크레프트 그래픽 노블 《뉴 키드》

You can't change where you come from,
but you can change where you go from here.

Q. 한 해를 마무리하는 지금, 내년에는 어떤 변화를 위해 어디로 가시렵니까?

능력이 있다고 해서 다가 아니다.
중요한 것은 능력을 어떻게 사용했느냐이다.

당신의 출발점은 바꿀 수 없지만, 여기서부터 어디로 갈지는 바꿀 수 있다.

Day 156 | 작은 것의 중요성 매트 헤이그 소설 《미드나잇 라이브러리》

Never underestimate the big importance of small things.

Q. 사소할 수 있지만 중요하게 챙겨야 할 일은 무엇인가요?

Day 157 | 또 다른 시작 토니 로빈스

The only impossible journey is the one you never begin.

Q. 뒤늦게 가지 않았던 길을 아쉬워했던 경험이 있나요?

작은 것의 큰 중요성을 결코 과소평가하지 마세요.

단 하나의 불가능한 여정은 당신이 시작하지 않은 바로 그 여행이다.

토니 로빈스 Tony Robbins
미국의 작가이자 동기부여가(1977~). 불우한 어린 시절을 딛고, 동기부여 연설가로 성공했다.

There are the two questions asked of the dead
by the gods at the entrance to heaven.
Have you found joy in your life?
Has your life brought joy to others?

천국의 입구에서 신들이
죽은 자들에게 묻는 두 가지 질문이 있다.
삶에서 기쁨을 찾았느냐?
네 삶이 다른 사람들에게 기쁨을 가져다주었느냐?

Q. 지금 천국에 입구에 있다면 어떤 답을 하시겠습니까?

영화 〈버킷 리스트The bucket list〉
잭 니콜슨과 모건 프리먼이 주연으로 한 감동 영화(2007).

Whatever you do, you need courage.
Whatever course you decide upon,
there is always someone to tell you
that you are wrong.
There are always difficulties arising
that tempt you to believe your critics are right.
To map out a course of action and follow it to an end
requires some of the same courage that a soldier needs.
Peace has its victories,
but it takes brave men and women to win them.

무엇을 하든 용기가 필요하다.
당신이 어떤 길을 선택하든
언제나 틀렸다고 말하는 사람이 있기에 그렇다.
틀렸다고 당신을 흔드는 어려움과 언제나 마주하게 된다.
실행 과정을 계획하고 끝까지 밀고 나가려면
군인에게 요구되는 만큼의 용기가 필요하다.
평화는 승리를 품고 있으나,
승리를 위해서 용감한 남성과 여성이 필요한 것처럼.

Q. 나에게 틀렸다고 말했던 사람이 옳았던 경험이 있나요?

Attitude is a choice.

Happiness is a choice.

Optimism is a choice.

Kindness is a choice.

Giving is a choice.

Respect is a choice.

Whatever choice you make makes you.

Choose wisely.

태도는 선택이다.

행복은 선택이다.

긍정은 선택이다.

친절은 선택이다.

베풂은 선택이다.

존중은 선택이다.

어떤 선택을 하던 당신을 만든다.

현명하게 선택하라.

Q. 무엇을 선택하는 것이 현명할까요? 가장 선택하고 싶은 것은 무엇인가요?

로이 T. 베넷 Roy T. Bennett

미국의 작가. 베스트셀러 《The Light in the Heart》(2016)를 펴냈다.

The road not taken

Robert Frost

Two roads diverged in a yellow wood,
And sorry I could not travel both
And be one traveler, long I stood
And looked down one as far as I could
To where it bent in the undergrowth;

Then took the other, as just as fair,
And having perhaps the better claim,
Because it was grassy and wanted wear;
Though as for that the passing there
Had worn them really about the same,

And both that morning equally lay
In leaves no step had trodden black.
Oh, I kept the first for another day!
Yet knowing how way leads on to way,
I doubted if I should ever come back.

I shall be telling this with a sigh
Somewhere ages and ages hence:
Two roads diverged in a wood,
and I — I took the one less traveled by,
And that has made all the difference.

가지 않은 길(일부)

로버트 프로스트

노란 숲속에 두 갈래 길이 있었다.
아쉽게도 두 길을 한꺼번에 갈 수 없는
홀로 떠난 여행자였기에 오랫동안 서 있었다.
하나의 길이 덤불 속으로 꺾여 내려가는 것을
눈 닿는 데까지 멀리 내려다보면서.

그리고 다른 길을 선택했다. 똑같이 아름답지만
아마 더 좋은 이유가 있을지 모르는 길,
풀이 무성하여 닳지 않았기에.
물론, 그곳을 지나가면
똑같이 발자취가 남아 닳겠지만.

그날 아침 두 길 모두 똑같이
아직 밟히지 않은 나뭇잎들이 펼쳐져 있었다.
아, 첫길은 훗날을 위해 남겨두었다!
길은 계속 길로 이어지는 것을 알기에
다시 돌아올 수 있을지 의심하면서도.

먼 훗날 어디에선가
한숨을 쉬며 이 이야기를 하고 있겠지.
숲속에 두 갈래의 길이 있었다고,
나는—나는 사람이 적게 다니는 길을 택했고,
그로 인해 모든 것이 달라졌다고.

"나의 일상은 맴돌기랍니다."

의도치 않게 죽음에 대해 생각해 본 적이 있다. 6개월간 정형외과, 신경외과, 치과, 구강외과를 돌며 관자놀이 부위의 통증에 대한 원인을 찾던 지난한 여정 덕분이다. 대수롭지 않게 생각했는데 신경외과에서 뇌종양이란 병명이 툭 던져졌다. 진단을 받은 건 아니지만 '가능성'을 염두하고 검사를 한다는 것 자체가 두려움이었다. 처방약을 복용한 후에도 진전이 없으면 큰 병원으로 갈 것을 권면 받았다. 1주일이 지나도 여전히 통증이 가라앉지 않자, 앞으로 닥칠지 모를 뇌종양 선고에 대비하며 죽음을 떠올렸다.

순간, 생의 마감이라는 두려움보다 남겨질 가족들에 대한 애잔함이 몰려왔다. 대기만성형이라는 남편이 성공하는 것도 보고 싶고, 내 아이가 커가는 것도 보고 싶은데. 내가 누리지 못할 생에 대한 아쉬움보다 사랑하는 가족들에게 남겨질 슬픔에 가슴이 아렸다. 남겨질 두 남자로 인해 그저 슬펐다. 마지막 구강외과 진료에서, '에이, 뇌종양은 절대 아니에요!'라는 의사 선생님의 말이 얼마나 눈물 나게 고마웠던지. 피 말렸던 긴장감이 안도로 치환되던 날, 살아갈 수 있음에 감사의 봇물이 터

마음에 힘이 되는 하루 한 문장 영어 필사

초판 1쇄 발행 2025년 1월 27일

지은이 위혜정
펴낸이 정덕식, 김재현

책임편집 정아영
디자인 Design IF
경영지원 임효순

펴낸곳 (주)센시오
출판등록 2009년 10월 14일 제300-2009-126호
주소 서울특별시 마포구 성암로 189, 1707-1호
전화 02-734-0981
팩스 02-333-0081
메일 sensio@sensiobook.com

ISBN 979-11-6657-182-4 (13740)